theme study

일본어上級점프 Reading

著者 阿部祐子・亀田美保・桑原直子・田口典子
長田龍典・古屋淳・松田浩志

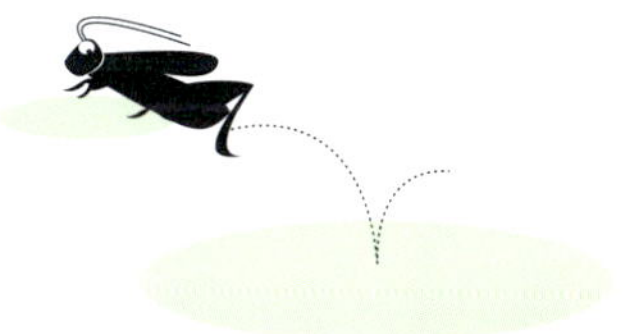

시사일본어사

머리말

『일본어 上級 점프』는 『일본어 中級 점프 개정신판』 시리즈의 후속편으로 쓰여진 책으로, 『일본어 中級 점프 개정신판』의 개정에 따라 본 교재도 몇 군데 개정하게 되었다. 중점을 둔 것은

1. 『일본어 中級 점프 개정신판』으로 이동한 어휘의 삭제
2. 사용빈도가 적은 어휘 · 표현의 대체
3. 본문 중 오래된 내용의 쇄신

이다. 그 결과, 어휘 부분에서는 『일본어 上級 점프』 구판에서 『일본어 中級 점프 개정신판』 시리즈로 옮긴 것이 약 100단어, 덧붙여 약 380단어를 삭제하고, 약 210단어를 새롭게 추가하였다. 또한, 본문에서는 4편을 완전히 교체하였고, 그 외의 과도 전반적으로 혹은 부분적으로 바꾸었다. 본문의 교체에 따라 **使いましょう** 도 일부 순서를 바꾸거나, 새로운 항목으로 변경하였다.

특히 크게 변경된 점은 구판에 있었던 **聞きましょう** 를 **グラフに慣れましょう** 로 바꾼 것이다. 그 이유는 구판의 **聞きましょう** 에서도 이미 목표로 하고 있던 그래프 · 도표를 읽는 연습을 한층 명확하게 하고, 전문학교, 대학 등에서 요구되는 자료의 파악, 분석, 그리고 프리젠테이션에 관한 훈련을 덧붙일 수 있도록 시도한 것이다.

구판 『일본어 上級 점프』는 다행히도 국내외 여러 일본어교육기관에서 채택되어 많은 호평을 받았을 뿐만 아니라, 실제 사용하고 있는 교사들도 많은 의견을 보내주었다. 이번 개정에 있어서는 그 하나하나를 가능한 한 반영하는 것을 목표로 했다. 이 개정판에 저자의 그러한 의도가 반영되어 있다면 다행일 것이다.

일본에 와서 자신이 이루고자 하는 바를 위해 일본어를 공부하고 있는 유학생 외에도, 일본 외에서 일본어를 공부하고 있는 학습자가 늘고 있다. 『일본어 中級 점프』와 그 시리즈인 본 교재는 일본어학습를 통해서 상호 이해가 보다 깊어지기를 바라며 편집된 것이다. 이번 개정이 그 본래의 목적에 도움이 되는 것이 저자 일동의 바람이다. 그리고 일본어교육에 종사하는 많은 분들과 그 바람이 공유되기를 진심으로 염원한다.

저자 일동

본 교재의 사용법

1. 각과의 구성과 그 목적

각과는 각각 도입부 · 연습 · 응용 3개의 부분으로 구성되어 있고, 각과에서 다루는 테마를 목차에 실었다. 각 분야를 아래 사용법에 따라 기능적으로 활용한다면, 본 교재 수료 후에는 (특별한 학술어를 제외하고) 신문의 사설을 읽을 수 있을 정도의 독해력, TV 다큐멘터리 프로그램 내용을 파악할 수 있는 청해력이 길러짐과 동시에 그 내용에 대해서도 논의가 가능한 종합적인 일본어 실력을 익힐 수 있다.

2. 각 분야의 구성과 사용법

新しい言葉는 신출어휘를 소개 및 단어의 운용능력을 키울 수 있도록「研究スル」「元気ナ · ニ」의 형태로 다른 품사로도 사용할 수 있는 경우를 명시하였다.

大切な表現에서는 문장의 구조에 관련된 표현 · 문형을 어휘와 구별해서 제시하였다.

本文에서는 테마에 대해서 다양한 측면에서 논의가 가능하도록 배려하였다.

新しい言葉에서는 학습자의 편의를 위해 단어 전체에 후리가나를 달았지만, 본문에서는 신출한자와 새로운 읽는 법에 한해 후리가나를 달았다.

본문 하단에 신출한자를 제시, 기존에 학습한 한자는 별색으로 처리해 복습에 도움이 되도록 하였다.

도입부

答えましょう에서는 본문의 이해도를 체크하고, 테마에 대한 자신의 의견을 표현하는 연습한다.

使いましょう에서는 상급학습자에게 필요하다고 생각되는 표현 · 문형의 연습을 한다.

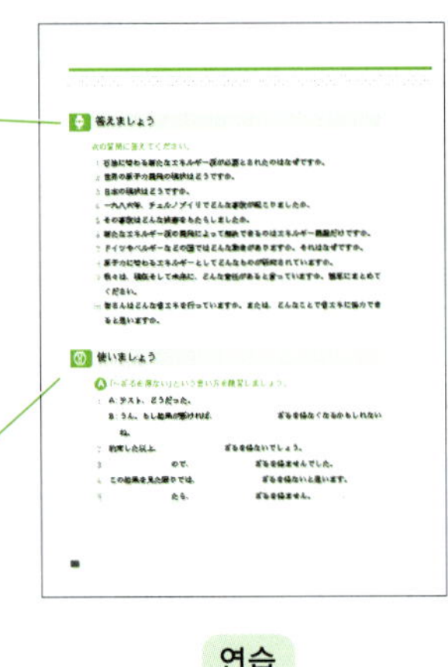

연습

도표 · 그래프를 파악함으로써 대학 · 단기대학에 진학해서 수업을 받을 때에 요구되는 기술(技術)의 연습한다.

문제 I 은 제시된 문장을 보면서 혹은 교사를 질문을 읽는 형태로 연습한다.

문제 II 는 도표 · 그래프를 설명하며 쓰는 연습으로, 지금까지 학습한 일본어의 응용 연습이자, 진학 후 혹은 졸업 후에 요구되는 프리젠테이션 능력의 개발을 목표로 하였다.

응용

목 차

コロンブスの卵(たまご)

新しい言葉

スピーチスル	発表(はっぴょう)スル	うんざり(と)スル	(うんざりし)かける
おやつ	心(こころ)を捕(と)らえる	耳(みみ)を傾(かたむ)ける	散(ち)る
心(こころ)を打(う)つ	舞台(ぶたい)	中央(ちゅうおう)	込(こ)める
国語(こくご)	重(かさ)なる	俳句(はいく)	あいにく
うまくいく	大(だい)(発見(はっけん))	一言(ひとこと)	私語(しご)
ほら	全(まった)く	見慣(みな)れる	逆(ぎゃく)ニ
スライド	表(おもて)	左右(さゆう)スル	思(おも)い込(こ)む
メッセージ	鮮明(せんめい)ナ・ニ	いずれも	大陸(たいりく)
大(おお)(騒(さわ)ぎ)	エピソード	ずれる	すら
あくまで(も)	一面(いちめん)	目(め)からうろこが落(お)ちる	
正(まさ)に	事(こと)もなげナ・ニ	天(てん)	引(ひ)っ張(ぱ)る
(歴史(れきし))上(じょう)	天才(てんさい)	案外(あんがい)ナ	短大(たんだい)[←短期大学(たんきだいがく)]
専門学校(せんもんがっこう)	代表(だいひょう)スル	出場(しゅつじょう)スル	今回(こんかい)

固有名詞 張(ちょう)／コロンブス／アメリカ大陸(たいりく)

大切な表現

～て初(はじ)めて	～もさることながら	～はともかく(として)	～といったら
～ならでは	～には当(あ)たらない	～に過(す)ぎない	

コロンブスの卵(たまご)

1-01

今年の留学生(りゅうがくせい)スピーチコンテストでのことです。同じような発表が続いて少々うんざりしかけていたとき、「日本に来て初めて、桜の美しさが分かりました」という張(ちょう)さんの言葉に「おやっ」と思いました。

...もちろん、日本へ来るまでにも、テレビや写真で桜を見たことはありました。が、この花がどうしてそんなにも日本人の心を捕らえるのかが、私には分かりませんでした...

私はいつの間にか、真剣に張さんの話に耳を傾(かたむ)けていました。

...私が知っていた桜は動かない桜でした。美しく咲いてすぐに散ってしまう桜を、私は知りませんでした。花の美しさもさることながら、その命の短かさが人の心を捕らえるのだということが、自分の目で桜を見て初めて分かりました。雪のように散る桜、動く桜が私の心を打ったのです...

舞台(ぶたい)の中央(ちゅうおう)で心を込めて語り続ける張さんの姿が、次第に、大好きだった中学校時代の国語の先生の姿に重(かさ)なっていきました。

先生がその話をされたのは二十年余りも前のことです。確か、俳句(はいく)の授業(じゅぎょう)の途中で、みんなアイディアが浮かばなくて困っていたときのことだったと思います。

...昨日、友人の結婚式に行ってきました。あいにく頼(たの)まれたあいさつはうまくいかず、失敗(しっぱい)してしまいましたが、それはともかくとして、帰りの電車で、私は偶然大発見をしました。

卵　留　捕　傾　舞　央　重　俳　句　授　頼　敗

「大発見」の一言に、みんな私語(しご)をやめ、一斉に先生の顔を見つめ、話の続きを待ちました。

> ここから見える、ほら、あの山が全く反対の形をしているんです。みんなは当たり前のことだと言うでしょうが、普段見慣れている山が、全く逆(ぎゃく)の形に見えたのです。その驚きといったら...

先生の友達の結婚式は、私たちが教室から毎日見ている山の反対側の町であったのだそうです。それで、帰りの電車の中から見た山がちょうどスライドの表裏(おもてうら)が逆になったときのように、いつもとは左右(さゆう)が逆に見えたのでしょう。今ではどんな俳句を作ったかなんて、すっかり忘れてしまいましたが、先生ならではのユーモアを交えながら、私たちに伝えようとされた先生の「大発見」、そして「立場を変えて、見方を変えて、考えてみなさい。既(すで)に、見て、聞いて知っていると思い込んでいる物が、それまでとは全然違う形に見えることもありますよ」というそのときのメッセージは、今でも鮮明(せんめい)に覚えています。

張さんの言う「動く桜」も先生の「大発見」も、いずれも、私には「コロンブスの卵(たまご)」でした。「コロンブスの卵」という言葉は、後で考えれば誰(だれ)でも考えつきそうで、簡単にできそうな発明や発見も、それを最初にやることの難しさをたとえるのに使われます。アメリカ大陸(たいりく)発見なんて、大騒ぎするには当たらないことだ。そんなこと誰にだってできると言われたコロンブスが、それなら卵を立ててみろと言ったというエピソードは、皆さんもご存知(ぞんじ)だと思います。ここでの私の言葉の使い方は、その本来の意味から言うと、少しずれているかもしれません。しかし、張さんが「動く」と言った桜の話や、左右が逆に見える山の形を「大発見だ」と思った先生の話に、

私　逆　表　裏　左　右　既　鮮　誰　陸　知

Reading

コロンブスの卵(たまご)

そんなことなど考えてみることすらなかった私は、「私たちが見ているのは、あくまでも、物の一面に過ぎないんだ」と、目からうろこが落ちる思い、正(まさ)に、目の前に事もなげに立てられた「コロンブスの卵」だったのです。

張さんのスピーチを聞いて、私は、姿や形は知っていても、「動く美しさを知らない桜」が、世界中にはまだたくさんあるのだろうなと思いました。でも、天ではなく地球が動くのだと考えついた人、地球の中心にりんごを引(ひ)っ張(ぱ)る力があるのだと思いついた人など、歴史上で天才と呼ばれる人たちと私たち普通の人間との違いは、案外ちょっとしたことなのかもしれないなどとも考えました。

全国の大学、短大(たんだい)、専門学校を代表する二十人の出場者が競(きそ)った今回のスピーチコンテスト。張さんが最優秀賞(さいゆうしゅうしょう)を受賞(じゅしょう)しました。

正　短　競　賞　受

答えましょう

次の質問に答えてください。

1 どうしてうんざりしかけていたのですか。
2 張さんが日本へ来る前に見ていたのはどんな桜でしたか。
3 スピーチコンテストで張さんが言いたかったのはどのようなことでしたか。
4 中学時代の国語の先生の「大発見」とはどんなことですか。
5 先生が「大発見」で伝えたかったことは何でしたか。
6 「動く桜」「大発見」「コロンブスの卵」に共通していることは何ですか。
7 これを書いた人の言う「動く美しさを知らない桜」とは何のことですか。
8 「天才と呼ばれる人たちと普通の人との違い」とはどんなことだと思いますか。
9 これを書いた人が言いたかったことは何ですか。簡単にまとめてください。
10 皆さんは、いつも当たり前だと思っていることを、違う立場から見ることは大切だと思いますか。また、どうすればそうできると思いますか。

使いましょう

A 「～て初めて」という言い方を練習しましょう。

1 A:＿＿＿＿＿＿＿＿がいないと寂しいでしょうね。
B:ええ、＿＿＿＿＿＿＿＿がいなくなって初めて＿＿＿＿＿＿＿＿(こと)が分かりました。
2 友達に言われて初めて＿＿＿＿＿＿＿＿(こと)に気づきました。
3 ＿＿＿＿＿＿＿＿て初めて社会人だと言えます。
4 自分でやってみて初めて＿＿＿＿＿＿＿＿と感じました。
5 ＿＿＿＿＿＿＿＿て初めて＿＿＿＿＿＿＿＿。

B 「～はともかく(として)」という言い方を練習しましょう。

1 A:どうです。いいデザインでしょ、これ。今年一番新しいんですよ。

B:ええ、しかし、＿＿＿＿＿＿はともかくとして、＿＿＿＿＿＿よ。

2 ＿＿＿＿＿＿はともかく、＿＿＿＿＿＿だけはやってください。

3 子供ならともかく、＿＿＿＿＿＿。

4 できるかどうかはともかくとして、＿＿＿＿＿＿。

5 ＿＿＿＿＿＿はともかく、＿＿＿＿＿＿。

C 「あくまで(も)」という言い方を練習しましょう。

1 A:僕はどんなことがあっても、あきらめませんよ。

B:君があくまで(も)＿＿＿＿＿＿なら、私はもう反対しません。

2 誰が何と言おうと、私はあくまで(も)＿＿＿＿＿＿つもりです。

3 ＿＿＿＿＿＿にはあくまで(も)反対です。

4 ＿＿＿＿＿＿はあくまで(も)＿＿＿＿＿＿べきだと思います。

5 ＿＿＿＿＿＿はあくまで(も)＿＿＿＿＿＿です。

D 「～に過ぎない」という言い方を練習しましょう。

1 A:料理がお上手だそうですね。

B:いやあ、料理ができるといっても、＿＿＿＿＿＿に過ぎないんです。

2 ＿＿＿＿＿＿といっても、一人の人間に過ぎません。

3 ＿＿＿＿＿＿というのはあくまで計画に過ぎません。

4 ＿＿＿＿＿＿に過ぎない私に＿＿＿＿＿＿は無理ですよ。

5 ＿＿＿＿＿＿は＿＿＿＿＿＿に過ぎず、＿＿＿＿＿＿。

グラフに慣れましょう

I グラフを見て、次の質問に○か×で答えてください。

アイディア作品を作るのに大切なこと

(「発明グラフ」会員140人へのアンケート結果)

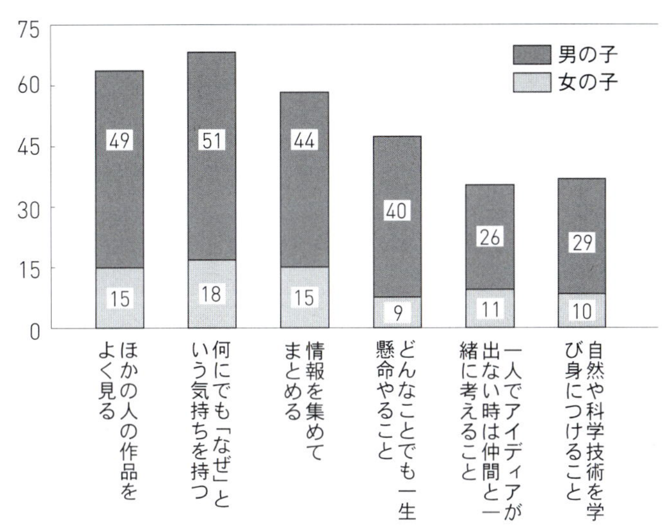

1 (　　) このグラフは「アイディア作品を作るのに大切なこと」について質問した結果である。

2 (　　) 「発明クラブ」には女の子より男の子の方が大勢いる。

3 (　　) 全体でもっとも多かった答えは「ほかの人の作品をよく見る」であった。

4 (　　) 女の子の答えの中でもっとも多かったのは「何にでもなぜという気持ちを持つ」であった。

5 (　　) 「どんなことでも一生懸命やること」というのは、男の子の答えの中でもっとも少なかった。

6 (　　) 「情報を集めてまとめる」という答えは「ほかの人の作品をよく見る」という答えほど多くない。

7 (　　) 全体でもっとも少なかったのは、「自然や科学技術を学び身につけること」であった。

8 (　　) 男の子との答えと女の子との答えには、全く同じ傾向が見られる。

II グラフから分かることを書いてみましょう。

____

____

____

宇宙人のぼやき

新しい言葉

ぼやき[←ぼやく]	(夢を)かける	とどまるところを知らない	
交わす	あいつ	(あいつ)ら	何しろ
走り回る	許可スル	さっぱり〔～ない〕	
惑星	めちゃめちゃナ・ニ		どうせ
見つける	脱出スル	～だい	億
やって来る	ちっちゃな[←小さな]		打ち上げる
～ぜ	ぶつける	幕開け	有人
飛行スル	約(五十年)	気象	観測スル
実用	上る	(何千)個	軌道
回る	もちつき	はるかナ・ニ	かなたニ
見上げる	月面	目を見張る	気軽ナ・ニ
そう〔～ない〕	我々	恩恵	生
一目りょう然	数(分)	～おきに	
行き詰まり[←行き詰まる]		(二千年)分	電力
供給スル	報告スル	得る	金属
薬品	革新スル	(打ち上げ)時	使用スル
ロケット	残がい	部品	欠けら
加える	物体	原子炉	電池

積(つ)む	地表(ちひょう)	落下(らっか)スル	指摘(してき)スル
無限(むげん)ニ	秘(ひ)める	およそ	抱(いだ)く
新天地(しんてんち)	冒険(ぼうけん)スル	勇敢(ゆうかん)ナ・ニ	苦(くる)しい
航海(こうかい)スル	広大(こうだい)ナ	書(か)き換(か)える	旧(きゅう)(大陸(たいりく))
征服(せいふく)スル	欲(よく)	否(いな)む	先住民(せんじゅうみん)
営(いとな)み[←営(いとな)む]	奪(うば)う	虐殺(ぎゃくさつ)スル	改宗(かいしゅう)スル
強要(きょうよう)スル	築(きず)き上(あ)げる	行為(こうい)	侵略(しんりゃく)スル
有史(ゆうし)	限(かぎ)りない	ロマン	響(ひび)き[←響(ひび)く]
潜(ひそ)む	肝(きも)に銘(めい)じる		

大切な表現

～ときたら	～に決(き)まっている	～てしょうがない[←しようがない]
～かと思(おも)うと	(見(み)つけ)次第(しだい)	～のことだから
～うじゃないか[←うではないか]		～なきゃ[←なければならない]
～ものがある	～といった～	～と見(み)られる
～からの～	～末(すえ)ニ	～にしてみれば

宇宙人のぼやき

1-02

人類の宇宙にかける夢は、とどまるところを知らない。その宇宙で、今、こんなぼやきが交(か)わされているかもしれない。

「全くあいつらときたら、どういうつもりなんだろうな」

「あいつらって?」

「地球人に決まってるだろうが。何しろ交通ルールも守らないで走り回るんだから、危(あぶ)なくてしょうがないよ」

「そうだな。突然現れたかと思うと、許可(きょか)もなく....。何考えてるんだか、さっぱり分かんない。あいさつぐらいあってもいいんだがな」

「地球って、水と緑が豊かな惑星(わくせい)だって言うけど、そうなのか」

「そうらしいけど、このごろ環境破壊がひどくて、めちゃめちゃだそうだ。どうせあいつらのことだから、どっかいいとこを見つけ次第、地球を脱出(だっしゅつ)しようって気じゃないかな」

「ちょっと待ってくれ! 一体どこへ行くつもりだい」

「それは分からない。けど、何十億(なんじゅうおく)もの地球人がやって来たら、大変なことになるなあ」

「見ろよ、またちっちゃな衛星を打ち上げたぜ」

「ちょっと捕(つか)まえて、話してみようじゃないか」

「遠慮しとくよ。それより、ぶつけられないように注意しなきゃ」

宇宙時代の幕開(まくあ)けとなったのは、一九五七年に打ち上げられた第一号人工衛星である。一九六一年には有人宇宙飛行が実現し、それ以来、約五十年の間に、科学的調査をする科学衛星や、通信、気象、地球観測(かんそく)などを含(ふく)む様々な分野で使われる実

交　危　許　惑　脱　億　捕　幕　開　測　含

用衛星を合わせ、四千回以上に上る打ち上げが行われてきた。その結果、今現在も、何千個もの人工衛星が地球の軌道上を回っている。「うさぎがもちつきをしている」と言いながら、はるかかなたに見上げていた月面を今や人間が歩く時代になっている。宇宙開発技術の発達には正に目を見張るものがある。人類の夢であった宇宙旅行へ気軽に行ける日も、そう遠い未来のことではないだろう。

宇宙開発が続けられた結果、我々は日常生活でも様々な恩恵を受けてきた。衛星を利用することによって、世界のあらゆる所から送られてくる映像を生で見ることができ、地球環境の破壊がいかに進んでいるかも一目りょう然である。天気予報など、今では数分おきに正確な情報が出される時代になっている。また、エネルギー問題の行き詰まりを解決する鍵を握っているのも宇宙開発の成果だと考えられ、実際に、月の資源を利用すれば、地球の二千年分の電力が供給できるといった研究報告もされている。さらに、宇宙空間では、地球上では得られない金属や薬品を作り出すことも可能で、それが広い分野での新しい技術革新につながると見られている。

もちろん、宇宙開発に問題がないわけではない。二〇〇一年現在、宇宙には打ち上げ時に使用されたロケットの残がい、それに衛星の部品の欠けらなどを加えた約六千個からの物体、いわゆる「宇宙ゴミ」が存在すると言われている。中には、原子炉や原子電池を積んだままの宇宙ゴミもあり、地表への落下時に引き起こす危険が指摘されている。それにもかかわらず、宇宙は人類にとって無限の可能性を秘めており、各方面からその開発に大きな期待が寄せられている。

今からおよそ五百年前、現在の我々のように、夢と希望を抱いて新天地に向かっ

上　軌　軽　我　恩　恵　生　行　詰　鍵　薬　革　欠　炉
池　積　摘　秘　希　望　抱

宇宙人のぼやき

た冒険家たちがいた。勇敢な冒険家たちが苦しい航海の末に新しい大陸を発見して以来、広大な土地とそこに眠る豊かな資源を利用し、いわゆる「新世界」の建設が進められた。文字通り、世界の地図が書き換えられることになったのである。

しかし、発見といっても、それは冒険家たちの側、つまり「旧大陸」の側からの表現であり、しかも、新天地を求めての航海に、宗教的、経済的征服欲が存在していたことは否めない事実である。「新大陸」では、既に先住民と呼ばれる人たちが長い間自分たちの営みを続けていた。そこへ、突然よそ者がやって来て、土地や家を奪い、虐殺を繰り返し、改宗を強要した。先住民にしてみれば、今まで築き上げてきた文化や習慣を破壊した「旧大陸」人の行為は、侵略であるとしか考えられなかったことだろう。

宇宙開発と新大陸発見。有史以来、人類は目の前に広がる可能性に対して、限りない夢とロマンを抱き続けてきた。しかし、夢とロマンという言葉の美しい響きの裏には、限りなく深い人間の欲が潜んでいる。我々地球人は、この点を肝に銘じ、宇宙人たちのぼやきを続けさせないようしたいものである。

冒 勇 敢 末 建 設 換 旧 征 否 営 奪 虐 殺
改 為 侵 略 響 深 潜 肝 銘

答えましょう

次の質問に答えてください。

1 宇宙では地球人はどのような存在に思われているでしょうか。
2 現在、地球の周りはどのような状況になっていますか。
3 「宇宙時代」の幕開けとなった出来事は何ですか。
4 現在、宇宙開発からどのような恩恵を受けていますか。
5 今後、どのようなことが可能になると言われていますか。
6 宇宙開発の問題点とはどんなことですか。
7 先住民は新大陸発見をどのように捕らえていますか。
8 新大陸発見の結果、世界はどのように変わりましたか。
9 新天地を求めた航海には何が存在していたのですか。簡単にまとめてください。
10 皆さんが知っている「開発」や「発見」にはどんな問題があると思いますか。

使いましょう

A 「～のことだから」という言い方を練習しましょう。

1 A：山田君はどうしたのかな。
B：大丈夫。体の丈夫な山田君のことだから、＿＿＿＿＿＿＿＿と思うよ。

2 A：山田さんはどうしたのかな。
B：そうだね。でも、いつも＿＿＿＿＿＿＿＿山田君のことだから、今日も＿＿＿＿＿＿＿＿じゃない。

3 A：この問題難しいね。
B：高橋先生に聞けば。＿＿＿＿高橋先生のことだから、この問題も＿＿＿＿＿＿＿＿。

4 A：これ、おいしいね。

B：何でも＿＿＿＿＿＿＿京子さんのことだから、＿＿＿＿＿＿＿て作ったんだよ、たぶん。

5 A：山田君、留学しようと思ってるんだって。

B：＿＿＿＿＿＿＿山田君のことだから、＿＿＿＿＿＿＿。

B 「～次第」という言い方を練習しましょう。

1 A：おい、まだか。

B：すみません。＿＿＿＿＿＿＿次第、お宅へお送りします。

2 A：もう少しいいですか。

B：あまり時間がございませんので、＿＿＿＿＿＿＿次第、＿＿＿＿＿＿＿。

3 A：後五分ぐらいです。

B：じゃ、＿＿＿＿＿＿＿次第、始めてください。

4 すみません。＿＿＿＿＿＿＿次第、そちらにまいりますので。

5 はい、それでは＿＿＿＿＿＿＿次第、ご連絡いたします。

C 「～と見られる」という言い方を練習しましょう。

1 A：どうしたの。この大騒ぎは、何。

B：＿＿＿＿＿＿＿と見られる＿＿＿＿＿＿＿が発見されたそうなんだ。

2 A：どろぼう、どうやって中へ入ったんだろうね。

B：ニュースでは「＿＿＿＿＿＿＿て中へ入ったと見られる」って言ってたよ。

3 地球の自然破壊は進む一方で、＿＿＿＿＿＿＿と見られています。

4 ＿＿＿＿＿＿＿ので、今年の試験は＿＿＿＿＿＿＿と見られています。

5 ＿＿＿＿＿＿＿のは＿＿＿＿＿＿＿が原因だと見られています。

D 「～にしてみれば」という言い方を練習しましょう。

1 A：やってみようよ。簡単じゃない。

B：ジョンさんにとっては簡単なことでも、私にしてみれば＿＿＿＿＿＿＿＿。

2 A：円がまた動いていますね。

B：＿＿＿＿＿＿＿＿ならそんなに影響はないでしょうが、＿＿＿＿＿＿＿＿にしてみれば大変なことでしょうね。

3 日本人にしてみれば＿＿＿＿＿＿＿＿けれど、外国人には＿＿＿＿＿＿＿＿。

4 両親の立場からは＿＿＿＿＿＿＿＿が、子供にしてみれば＿＿＿＿＿＿＿＿。

5 会社側から言うと＿＿＿＿＿＿＿＿が、＿＿＿＿＿＿＿＿にしてみれば＿＿＿＿＿＿＿＿。

グラフに慣れましょう

I　グラフを見て、次の質問に○か×で答えてください。

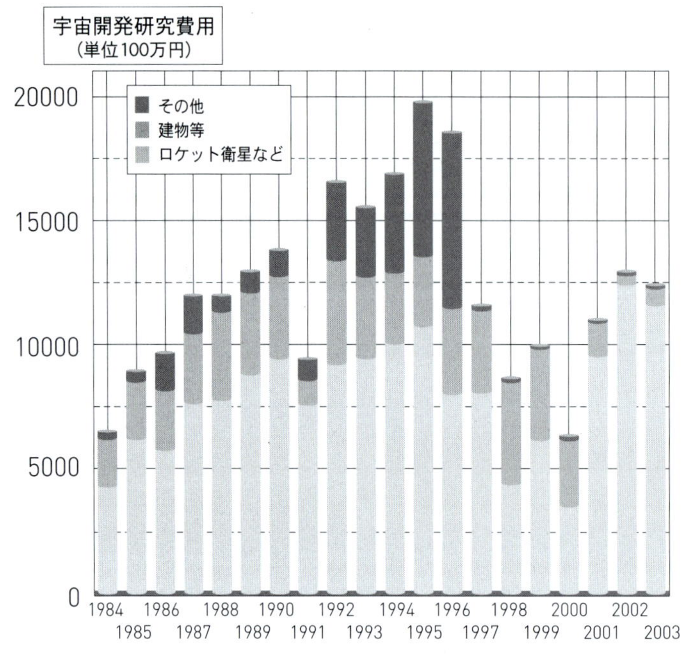

＊「その他」には、衛星との通信技術の開発費用などが含まれる。
＊「建物等」は、衛星打ち上げや衛星との通信用の建物である。

1（　　）このグラフは日本の宇宙開発にかかる費用を表している。

2（　　）ロケットや衛星の開発にかかる費用は、90 年代後半には低くなっているが、21世紀に入ってから大きく伸びてきている。

3（　　）建物等にかかる費用は、90 年代から現在までずっと増え続けている。

4（　　）80 年代後半には衛星との通信技術の開発費用など、「その他」の費用が大きく伸びている。

5（　　）90 年代に増えた「その他」の費用は 21世紀になってからほとんど伸びていない。

6（　　）宇宙開発の費用がもっとも多かったのは、1995 年で、ほぼ 200 億円に上る。

7（　　）宇宙開発の費用がもっとも少なかったのは 2000 年で、50 億円以下である。

8（　　）宇宙開発の費用がもっとも多かった年はもっとも少なかった年の約3倍に上る。

II グラフから分かることを書いてみましょう。

エネルギー物語

新しい言葉

産業革命(さんぎょうかくめい)	石炭(せきたん)	化石(かせき)	燃料(ねんりょう)
燃(も)やす	文明(ぶんめい)	天然(てんねん)	底(そこ)を突(つ)く
予測(よそく)スル	(エネルギー)源(げん)	今日(こんにち)	切(き)っても切(き)れない
数字(すうじ)	上回(うわまわ)る	中(なか)でも	総(そう)(電力(でんりょく))
(七(なな))割(わり)	依存(いぞん)スル	初(はつ)	成功(せいこう)スル
拍車(はくしゃ)をかける	割合(わりあい)ニ	(発電(はつでん))量(りょう)	(三(さん))分(ぶん)の(一(いち))
占(し)める	(計画(けいかく))中(ちゅう)	完成(かんせい)スル	賄(まかな)う
なくてはならない	見直(みなお)し[←見直(みなお)す]	迫(せま)る	契機(けいき)
作業(さぎょう)スル	職員(しょくいん)	含(ふく)める	死亡(しぼう)スル
史上(しじょう)	最悪(さいあく)	爆発(ばくはつ)スル	漏(も)れる
周辺(しゅうへん)	諸(しょ)(国(こく))	土壌(どじょう)	農産物(のうさんぶつ)
被害(ひがい)	範囲(はんい)	及(およ)ぼす	白血病(はっけつびょう)
原爆(げんばく)[←原子爆弾(げんしばくだん)]	(原爆(げんばく))症(しょう)	かなりナ	地域(ちいき)
苦(くる)しめる	是非(ぜひ)	増(ま)す	厳重(げんじゅう)ナ・ニ
超(こ)える	計(はか)り知(し)れない	恐(おそ)れる	段階(だんかい)
破棄(はき)スル	切(き)り替(か)える	打(う)ち出(だ)す	大気(たいき)
欠(か)かす	主導(しゅどう)スル	廃棄(はいき)スル	(廃棄(はいき))物(ぶつ)
麦(むぎ)わら	活用(かつよう)スル	農産資源(のうさんしげん)	いも

バイオマス	増(ふ)やす	太陽光(たいようこう)	処理(しょり)スル
満(み)たす	事業(じぎょう)	新(しん)(エネルギー)	相当(そうとう)ナ・ニ・スル
削減(さくげん)スル	繁栄(はんえい)スル	維持(いじ)スル	悪化(あっか)スル
控(ひか)える			

固有名詞　フランス/旧(きゅう)ソ連(それん)/チェルノブイリ/ドイツ/ベルギー/スウェーデン

大切な表現

～ねば[←なければ]	～の上(うえ)から	～ざるを得(え)ない
～てからというもの	～はもとより	～限(かぎ)りだ
～であろう	～うが	～ばそれまでだ
～うものなら		

エネルギー物語

1-03

十八世紀後半に起こった産業革命以来、人類は、石炭や石油などのいわゆる化石燃料(ねんりょう)をどんどん燃やして文明を発展させてきた。しかし、この天然(てんねん)の資源は無限に存在するわけではない。特に石油は、今後数十年で底を突(つ)くと予測されている。何らかの対策を取らねばということで、石油に替わる新(あら)たなエネルギー源として登場したのが、原子力であった。

今日我々が、いかにこの原子力と切っても切れない生活を送っているかということは、数字の上からも明らかである。二〇〇四年現在、運転されている原子炉の数は、世界三十か国以上で四百を上回っている。中でもフランスは、総電力(そうでんりょく)の七割を原子力発電に依存(いぞん)せざるを得ない現状にある。日本の場合も、一九六三年初(はつ)の発電に成功してからというもの、開発に拍車(はくしゃ)がかけられ、二〇〇三年現在、約五十の原子炉が運転され、原子力発電の割合は総発電量の三分の一を占(し)めるまでになっている。さらに、今建設計画中のものがすべて完成(かんせい)すれば、将来、総発電量の四十%が原子力によって賄(まかな)われることになり、正になくてはならないエネルギー源である。

しかしながら、一九八六年、旧ソ連のチェルノブイリ原子力発電所で起こった事故が理想のエネルギー源「原子力」の見直しを迫(せま)る契機となった。作業(さぎょう)中の職員二人を含め、死亡(しぼう)者三十一人にも上るという史上最悪の爆発(ばくはつ)事故であった。発電所から漏(も)れた放射能(ほうしゃのう)は、周辺諸国(しゅうへんしょこく)の土壌(どじょう)を汚染し、農産物に大きな被害(ひがい)を与え、さらに、その農産物を輸入している国を含め、広い範囲(はんい)に被害を及(およ)ぼした。そればかりか、白血病(はっけつびょう)をはじめとするいわゆる原爆症(げんばくしょう)が、事故現場の周辺はもとより、かなり広い地域(ちいき)で現在でも住民を苦しめている。放射能の被害は恐ろしい限りだ。日本でも、これほど大規模ではないが、原子力発電の是非が問われるような事故が何度も起こっている。

燃 然 突 新 総 依 初 拍 占 完 賄 迫 作 亡
爆 漏 射 周 諸 壊 被 範 囲 及 白 症 域

技術開発が進歩するにつれて、原子炉の安全性は確かに増すであろう。しかし、どんなに技術が進歩しようが、また、原子炉の管理がいくら厳重になろうが、事故が起これば、それまでだ。その規模がチェルノブイリを超えるような事故、万一、そんな事故でも起ころうものなら、被害は計り知れない。こうした放射能の危険性を恐れて、既にドイツ、ベルギー、スウェーデンなどでは、段階的に原子炉を破棄し、新しいエネルギー源に切り替える方針を打ち出している。

新しいエネルギー源の開発は、大気汚染、酸性雨、地球の温暖化などの環境問題を解決するためにも欠かせない。世界各国で政府主導の下、様々な研究開発が進められている。生ゴミなどの廃棄物、麦わらなど活用されていない農産資源、そして、いも、大豆などの資源作物を活用したバイオマス燃料の開発などは、地球上の二酸化炭素をこれ以上増やさない燃料開発の代表的な例である。こうした研究開発の成果として、水力、風力、太陽光を利用した発電、また、廃棄物処理の熱を利用した発電など既に一部実用化されているものもあるが、まだまだ十分に需要を満たす状況ではない。

新エネルギー源の開発が進められてはいるが、実用化し現在のエネルギー需要に応えられるようになるまでには、まだ相当の時間が必要とされるであろう。こうした状況の下でエネルギー問題を考えるとき、今、何よりも大切なことは、エネルギー消費量の削減努力である。現在の繁栄を維持するために、より便利で豊かな生活を実現するために、エネルギー消費を増やし続け、環境汚染を悪化させるようであってはならない。無駄な電気を消し、エアコンの利用を控える。省エネを進め、少しでもエネルギー消費を減らし、未来のために地球を守ることは、現代に生きる我々が問われている大きな責任なのである。

増　厳　超　棄　針　政　府　廃　麦　豆　処　需　満　応
相　削　減　繁　栄　維　持　控　省

答えましょう

次の質問に答えてください。

1 石油に替わる新たなエネルギー源が必要とされたのはなぜですか。
2 世界の原子力開発の現状はどうですか。
3 日本の現状はどうですか。
4 一九八六年、チェルノブイリでどんな事故が起こりましたか。
5 その事故はどんな被害をもたらしましたか。
6 新たなエネルギー源の開発によって解決できるのはエネルギー問題だけですか。
7 ドイツやベルギーなどの国ではどんな動きがありますか。それはなぜですか。
8 原子力に替わるエネルギーとしてどんなものが研究されていますか。
9 我々は、現在そして未来に、どんな責任があると言っていますか。簡単にまとめてください。
10 皆さんはどんな省エネを行っていますか。または、どんなことで省エネに協力できると思いますか。

使いましょう

A 「～ざるを得ない」という言い方を練習しましょう。

1 A:テスト、どうだった。
B:うん。もし結果が悪ければ、＿＿＿＿＿＿＿ざるを得なくなるかもしれないね。
2 約束した以上、＿＿＿＿＿＿＿ざるを得ないでしょう。
3 ＿＿＿＿＿＿＿ので、＿＿＿＿＿＿＿ざるを得ませんでした。
4 この結果を見た限りでは、＿＿＿＿＿＿＿ざるを得ないと思います。
5 ＿＿＿＿＿＿＿たら、＿＿＿＿＿＿＿ざるを得ません。

B 「～てからというもの」という言い方を練習しましょう。

1 A：弟さんはお元気ですか。

B：元気は元気なんですが、帰国してからというもの、ずっと＿＿＿＿＿＿＿＿て いますよ。

2 父が九州へ転勤してからというもの、＿＿＿＿＿＿＿＿ません。

3 ＿＿＿＿＿＿＿＿からというもの、彼女はとても明るくなりました。

4 ＿＿＿＿＿＿＿＿からというもの、＿＿＿＿＿＿＿＿に関心を持つ人が増えてきました。

5 ＿＿＿＿＿＿＿＿からというもの、＿＿＿＿＿＿＿＿。

C 「～はもとより」という言い方を練習しましょう。

1 A：あの事故大変な騒ぎになったね。

B：うん、現場地域の新聞はもとより、＿＿＿＿＿＿＿＿にまで＿＿＿＿＿＿＿＿＿＿＿ていたものね。

2 問題を抱えている地域はもとより、＿＿＿＿＿＿＿＿でもいろいろな対策が進められています。

3 ＿＿＿＿＿＿＿＿はもとより、大企業にまで広く努力が求められています。

4 これ以上円が高くなると、＿＿＿＿＿＿＿＿はもとより＿＿＿＿＿＿＿＿にも大きな影響が出ることが考えられます。

5 ＿＿＿＿＿＿＿＿はもとより、＿＿＿＿＿＿＿＿。

D 「～うものなら」という言い方を練習しましょう。

1 A：台風が来るんだって。あそこの家、大丈夫かな。

B：ううん、このままじゃ、ちょっと強い風でも吹こうものなら＿＿＿＿＿＿＿＿＿＿＿＿＿＿だろうね。

2 部長、今とても機嫌が悪いからね。こんなときは、誰かが＿＿＿＿＿＿＿＿うものなら、＿＿＿＿＿＿＿＿。

3 ちょっとでも扱い方を間違おうものなら、＿＿＿＿＿＿＿＿。

4 誰かが＿＿＿＿＿＿＿＿うものなら、今の彼女はそれだけで＿＿＿＿＿＿＿＿。

5 ＿＿＿＿＿＿＿＿うものなら、＿＿＿＿＿＿＿＿でしょうね。

グラフに慣れましょう

I　グラフを見て、次の質問に○か×で答えてください。

A. 世界における各国の電気エネルギー消費の割合

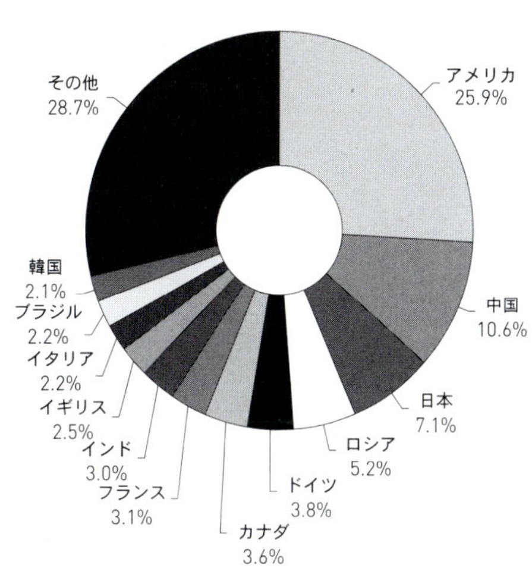

B. 各国の人口　　人口(万人)

アメリカ	27000	中国	133330	日本	12870	ロシア	14240
ドイツ	8250	カナダ	3170	フランス	6040	インド	108120
イギリス	5490	イタリア	5730	ブラジル	18070	韓国	4800

1 (　　) Aのグラフはそれぞれの国で一人一人が電気を使う量を表したものである。

2 (　　) もっとも電気エネルギーの消費が多い国はアメリカで、全体の 4 分の 1 を占める。

3 (　　) 2 番目の中国は全体の約 1 割を占める。

4 (　　) 日本は 3 番目であるが、人口を考えると、一人が使用する電気エネルギーは中国を上回ると考えられる

5 (　　) 上から 4 番目までの国の電気エネルギー消費を合わせると、全体の半分以上になる。

6 (　　) グラフにある 1 2 ヵ国の電気エネルギー消費は全体の 4 分の 3 以上になる。

7 (　　) 韓国のエネルギー消費が 12 番目であるのは、12 か国の中で人口がもっとも少ないからだ。

8 (　　) ドイツとカナダを比べると、一人一人の消費が多いのはカナダである。

II　グラフから分かることを書いてみましょう。

____

____

____

健康ブームの光と影(かげ)

新しい言葉

ブーム	影(かげ)	公式(こうしき)ナ・ニ	訪問(ほうもん)スル
ジョギングスル	ピリピリ(と)スル	警備(けいび)スル	(警備(けいび)に)当(あ)たる
どちらかといえば	ほほえましい	受(う)け止(と)める	(運転手(うんてんしゅ))付(つ)き
大型(おおがた)	高級(こうきゅう)ナ	(高級(こうきゅう))車(しゃ)	乗(の)りつける
一汗(ひとあせ)	(汗(あせ)を)かく	載(の)る	耳慣(みみな)れない
長(ちょう)(時間(じかん))	(立(た)ち)っ放(ぱな)し	次(つ)ぐ	過労(かろう)
(過労(かろう))気味(ぎみ)	口実(こうじつ)	不健康(ふけんこう)ナ	(不健康(ふけんこう))極(きわ)まりない
耐(た)える	担(にな)う	中年(ちゅうねん)	行(ゆ)き着(つ)く
果(は)て	過労死(かろうし)スル	子育(こそだ)て	終(お)える
あれこれ	落(お)ちる	恥(は)ずかしい	PTA
呼(よ)びかける	不足(ふそく)スル	スマートナ・ニ	定着(ていちゃく)スル
火つけ役(やく)	志向(しこう)スル	感(かん)	トレーニングスル
ルーム	プール	エアロビクス	スタジオ
備(そな)える	フィットネス(クラブ)		老若男女(ろうにゃくなんにょ)
(体(からだ))作(づく)り	励(はげ)む	立(た)ち寄(よ)る	あの手(て)この手(て)
解説(かいせつ)スル	ダイエットスル	所狭(ところせま)しと	このところ
疲労(ひろう)スル	回復(かいふく)スル	栄養(えいよう)	補強(ほきょう)スル

販売(はんばい)スル	CM	これでもか	顔(かお)を出(だ)す
ファッション	下火(したび)	ウォーキングスル	姿勢(しせい)
懇切丁寧(こんせつていねい)ナ・ニ	指導(しどう)スル	有料(ゆうりょう)	思(おも)わぬ～
ひっそり(と)スル	足(あし)を止(と)める	立(た)ち話(ばなし)	昔(むかし)ながら
振(ふ)る	てくてく(と)	わき見(み)	ひたすら
もしくは	概念(がいねん)	意味合(いみあ)い	インタビュースル

大切な表現

～に違(ちが)いない	～ともなると	～を問(と)わず
～に限(かぎ)らず	～にしても	～んばかりニ
～だけのことはある	～にひきかえ	

健康ブームの光と影

1-04

日本を公式訪問しているアメリカ大統領が、朝早くホテルの周りをジョギングしたというニュースが伝えられたことがあった。ピリピリして警備に当たった人たちは、やめてくれればいいのにと思ったに違いないが、当時の日本社会はそれほど驚いたふうもなく、どちらかといえばほほえましいニュースとして受け止めたように思う。当時は大統領ばかりではなく、世界のあちらこちらで人が走っていた。運転手付きの大型高級車で公園に乗りつけ、一時間ばかり公園の周りを走って一汗かいて、そうしてまた、高級車に乗って帰っていくという笑い話のような記事が新聞に載ったりする、そんな時代だった。

日本でも、ジョギングという耳慣れない言葉と一緒に紹介された新しい健康法は、あっという間に広がって、あちらこちらで走る人を目にするようになった。朝から満員電車で長時間立ちっ放し、残業に次ぐ残業でいつも過労気味。たまったストレスの解消を口実に勤め帰りの一杯やたばこの吸い過ぎ。不健康極まりない生活に耐えながらも、日本の経済成長を担ってきたサラリーマンたち。中年を迎えたお父さんたちが健康に関心を持ち始めた。今の生活を何とかしなければ、行き着く果ては生活習慣病や過労死。このままではいけないと走り始めた。お母さんたちも負けてはいない。子育てを終えて少し時間的余裕ができた。あれこれ試してはみるのだが、思ったように体重が落ちない。一人ではちょっと恥ずかしいけれど、おしゃべりしながらみんなでやればと、PTA や近所の集まりで呼びかけ、仲間を集め走り始めた。日ごろの運動不足を解消するために、健康な生活を送るために、ちょっとスマートになるために。こうしてジョギングは手軽な健康法として定着していったのである。

ジョギングが火付け役になったわけではないのだろうが、今の日本は全国総健康志向といった感がある。トレーニング・ルームやプール、エアロビクス・スタジオを備えたフィットネスクラブでは、週末ともなると、老若男女を問わず多くの人が健康な体作りに励んでいる。本屋に立ち寄れば、いかにすればやせられるかをあ

影　訪　警　放　次　過　極　耐　担　恥　志　備　若　女

の手この手で解説したダイエット物が所狭しと並べられており、ベストセラーになることも少なくない。そればかりか、このところ薬品メーカーに限らず、多くの企業が疲労回復（ひろうかいふく）や栄養補強（えいようほきょう）のための商品を競って製造、販売（はんばい）している。テレビ・ラジオのCMにしても、新聞の広告にしても、これでもかと言わんばかりに健康関連の食品や機器が顔を出す。ある評論家の言葉を借りれば、「バランスの取れた健康な体作りは現代のファッションの一つ」だとか。確かに、そう言われるだけのことはある。

ジョギングが少し下火になってきたかと思うと、今度は人が歩き出した。ウォーキングが提唱（ていしょう）され始めたのだ。まず歩く前にこんな準備をしましょう。歩くときは、こんな姿勢（しせい）で、歩き終わったらこうしましょうと、懇切（こんせつ）丁寧に説明した本もあれば、専門家が指導する有料のウォーキング教室もいくらでもある。自分の好きなときに出かけ、思わぬ所にひっそりと咲く花を見つけては足を止め、知り合いに出会っては立ち話をし、と自由な時間を楽しむのが昔ながらの散歩。それにひきかえ、ウォーキングをする人たちは、しっかり前を見て両手を振り、「イチニ、イチニ」と声を出しながら、一生懸命歩いている。昨日まで走っていたお父さんもお母さんも、今はてくてくてくてくと、わき見もせずに歩いている。健康に向かってひたすら歩いている。

走る人、歩く人、フィットネスクラブで汗を流す人。みんな健康になろうと一生懸命である。健康という言葉もしくは概念（がいねん）は、「病気を予防（よぼう）する」「病気をしない状態」といった意味合いで使われるのだという。しかし、どう見ても太っているとは見えない若い女性が、何かに追われるようにダイエットしたり、ウォーキングを続けるお年寄りが、テレビのインタビューに「健康に死にたいのでね . . . 」と答える今の健康ブーム。その光と影を映しながら汗を流す大勢の姿を見て、健康って何なのだろうと考えさせられてしまう。

励　疲　復　養　補　販　唱　姿　懇　概　防

答えましょう

次の質問に答えてください。

1 アメリカ大統領が公式訪問したとき、警備の人がピリピリしたのはなぜですか。
2 日本のマスコミは、大統領のジョギングを大事件として取り上げましたか。
3 ジョギングが中年男性の間に広がったのはどうしてですか。
4 女性がジョギングを始めるようになったのはどうしてですか。
5 全国総健康志向と言われるのは、どんなことからですか。例を三つ挙げてください。
6 評論家は、このような状況をどのように述べていますか。
7 ウォーキングと散歩の違う点は何だと言っていますか。
8「健康」という言葉は、どんな意味で使われていますか。
9 これを書いた人は、今の健康ブームをどのように考えていますか。簡単にまとめてください。
10 皆さんは健康のために何をしていますか。どんなことをしたことがありますか。

使いましょう

A「～に違いない」という言い方を練習しましょう。

1 A：最近、京子さんずいぶん＿＿＿＿＿＿＿＿ね。
B：きっと何か＿＿＿＿＿＿＿＿に違いないよ。

2 A：誰、＿＿＿＿＿＿＿＿たのは。
B：太郎(たろう)に違いないさ。さっき＿＿＿＿＿＿＿＿から。

3 A：どうして＿＿＿＿＿＿＿＿に違いないと言えるんだい。
B：だって、＿＿＿＿＿＿＿＿から。

4 ＿＿＿＿＿＿＿＿から、あの電話はいたずらに違いないと思います。

5 ＿＿＿＿＿＿＿＿から、＿＿＿＿＿＿＿＿(の)に違いないと思います。

B 「～ともなると」という言い方を練習しましょう。

1 A：ここはずいぶんにぎやかですね。

B：普段はこんなものですが、＿＿＿＿＿＿＿＿ともなると、歩くのも大変ですよ。

2 一（いち）、二泊（にはく）の旅行なら＿＿＿＿＿＿＿＿が、数か月の海外旅行ともなると、＿＿＿＿＿＿＿＿。

3 大統領ともなると、＿＿＿＿＿＿＿＿。

4 ＿＿＿＿＿＿＿＿と違って＿＿＿＿＿＿＿＿ともなると、＿＿＿＿＿＿＿＿。

5 ＿＿＿＿＿＿＿＿ともなると、さすがに＿＿＿＿＿＿＿＿。

C 「～に限らず」という言い方を練習しましょう。

1 A：誰が参加してもいいんですか。

B：ええ、ここは＿＿＿＿＿＿＿＿に限らず、どなたでも＿＿＿＿＿＿＿＿いただけます。

2 A：自然破壊はここだけではないんでしょう。

B：ええ、この村に限らず、＿＿＿＿＿＿＿＿まで＿＿＿＿＿＿＿＿。

3 A：物が高くて困っちゃいますね。

B：ええ、しかしこれは東京やニューヨークに限らず、大都会はどこでも＿＿＿＿＿＿＿＿。

4 ＿＿＿＿＿＿＿＿や＿＿＿＿＿＿＿＿に限らず、＿＿＿＿＿＿＿＿は＿＿＿＿＿＿＿＿。

5 ＿＿＿＿＿＿＿＿に限らず＿＿＿＿＿＿＿＿。

D 「～だけのことはある／～だけあって」という言い方を練習しましょう。

1 A：あの方は＿＿＿＿＿＿＿＿がとても＿＿＿＿＿＿＿＿ね。

B：分かりますか。やはり昔野球の選手だっただけのことはありますね。

2 さすがに＿＿＿＿＿＿＿＿だけのことはあるね。君の研究発表は＿＿＿＿＿＿＿＿＿＿。

3 長い間＿＿＿＿＿＿＿だけのことはありますね。この町のことはよくご存知で。

4 ＿＿＿＿＿＿＿＿だけあって、この事件には多くの人が関心を持っていますね。

5 ＿＿＿＿＿＿＿＿だけあって、＿＿＿＿＿＿＿＿。

グラフに慣れましょう

I グラフを見て、次の質問に○か×で答えてください。

40 歳代男女のたばこをすう人の割合

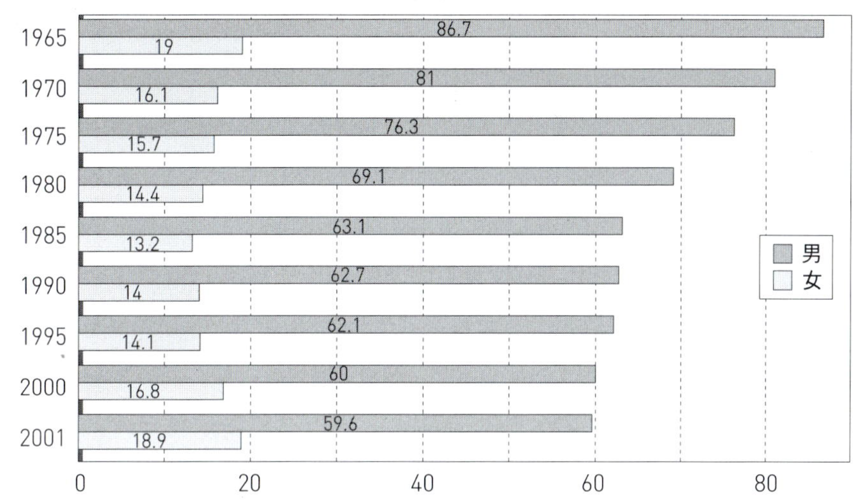

1 (　　) このグラフは 40 歳代の男女のたばこをすう人口を表したものである。
2 (　　) 1965 年から 85 年までの間にたばこをすう男性の割合は約 2 分の 1 になった。
3 (　　) 1985 年から 2001 年にかけてたばこをすう男性の割合は少しずつ少なくなっている。
4 (　　) 1965 年にたばこをすっていた女性の割合は、男性の割合の 4 分の 1 以下である。
5 (　　) たばこをすう女性の割合は男性と同じように、1965 年から 2001 年までの間に少しずつ少なくなっている。
6 (　　) 2001 年のたばこをすう女性の割合は、男性の割合の約 3 分の 1 である。
7 (　　) 1985 年から 2001 年の間にたばこをすう女性の割合は 5 パーセント以上増えた。
8 (　　) たばこをすう男性の割合がもっとも大きく下がっているのは、1975 年から 80 年にかけてである。

II グラフから分かることを書いてみましょう。

猫ばばと死刑(しけい)

新しい言葉

猫(ねこ)ばばスル	死刑(しけい)	貴重(きちょう)ナ	にぎわす
事(こと)の始(はじ)まり	現金(げんきん)	手渡(てわた)す	交番(こうばん)
届(とど)ける	妙(みょう)ナ・ニ	方向(ほうこう)	(うそを)つく
夫婦(ふうふ)	及(およ)び	追(お)い詰(つ)める	あわや
届(とど)け出(で)[←届(とど)け出(で)る]	警察官(けいさつかん)	判明(はんめい)スル	ともあれ
(その)間(かん)	嫌疑(けんぎ)	(嫌疑(けんぎ)を)かける	世間(せけん)
白(しろ)い目(め)	成(な)り行(ゆ)き	(成(な)り行(ゆ)き)いかん	犯人(はんにん)
人権(じんけん)	接(せっ)する	身(み)	降(ふ)りかかる
ぞっとする	(少(すく)な)からず	さかのぼる	夫人(ふじん)
全力(ぜんりょく)	無実(むじつ)	主張(しゅちょう)スル	地方裁判所(ちほうさいばんしょ)
証拠(しょうこ)	不十分(ふじゅうぶん)ナ	無罪(むざい)	判決(はんけつ)
下(くだ)す	検察(けんさつ)	控訴(こうそ)スル	高等裁判所(こうとうさいばんしょ)
最高裁判所(さいこうさいばんしょ)	審理(しんり)スル	懲役(ちょうえき)	刑(けい)
確定(かくてい)スル	服役(ふくえき)スル	結末(けつまつ)	刑期(けいき)
刑務所(けいむしょ)	真(しん)(犯人(はんにん))	名乗(なの)り出(で)る	再開(さいかい)スル
最終(さいしゅう)	証明(しょうめい)スル	勝(か)ち取(と)る	道(みち)のり
有罪(ゆうざい)	えん罪(ざい)	支援(しえん)スル	長年(ながねん)
実(み)を結(むす)ぶ	逆転(ぎゃくてん)スル	執行(しっこう)スル	(取(と)り)得(う)る

裁(さば)く	恐(おそ)ろしさ[←恐(おそ)ろしい]		支持(しじ)スル
廃止(はいし)スル	条約(じょうやく)	採択(さいたく)スル	ないしは
全面(ぜんめん)	先立(さきだ)つ	処罰(しょばつ)スル	世論(せろん)
実施(じっし)スル	検討(けんとう)スル	結論(けつろん)スル	至(いた)る
罪(つみ)	憎(にく)む	建(た)て前(まえ)	(廃止(はいし))論(ろん)
賛成(さんせい)スル	まして	晴(は)らす	何(なん)とかスル
法律(ほうりつ)	いっそ	(～て)やる	情(じょう)
本音(ほんね)	納得(なっとく)スル	足(た)る	裁判(さいばん)スル
基(もと)づく	生(しょう)じる	不正(ふせい)ナ・ニ	正(ただ)す
市民(しみん)	組織(そしき)スル	内部(ないぶ)	疑(うたが)い[←疑(うたが)う]
起(お)こす	(殺人(さつじん))犯(はん)	大半(たいはん)	犠牲(ぎせい)
身近(みぢか)ナ・ニ	抽選(ちゅうせん)スル	加(くわ)わる	断言(だんげん)スル

固有名詞 関西(かんさい)／青森県(あおもりけん)／弘前市(ひろさきし)／国連(こくれん)[←国際連合(こくさいれんごう)]

大切な表現

～とする	～(ないとも)限(かぎ)らない	～ものだ
～とあって	～にして	～ずにはいられない
～にあって	～ずにはおかない	～ないものか
～からして	～始末(しまつ)だ	

猫ばばと死刑

1-05

お金や貴重な物を拾っても、知らぬ顔をして自分の物にしてしまうことを「猫ばばする」と言うが、この言葉がマスコミをにぎわした事件があった。

関西のあるスーパーで、客が金を拾ったのが事の始まりである。「店内で拾った」と言って十五万円の現金を手渡されたスーパー経営者の妻Aさんは、すぐに近くの交番に届けた。ところが、警察がそんなお金は受け取っていないと言い出したことから、事件は妙な方向に動き出した。警察は、Aさんが実際はお金を猫ばばしていながら、届けたとうそをついているとして捜査を始め、次第にAさん夫婦及びその家族を追い詰めていく。あわや逮捕というところで、実は届け出を受けた交番の警察官が猫ばばしていたことが判明し、ともあれ事件は解決した。しかし、その間、嫌疑をかけられたAさんが世間から白い目で見られ、苦しめられたのは言うまでもない。事件の成り行きいかんでは、Aさんが犯人にされる恐れさえあった。マスコミはこの事件を人権問題として取り上げたが、事件の報道に接して、同じようなことが自分の身に降りかからないとも限らないと、ぞっとした人も少なからずいたことであろう。

時代はさかのぼって、一九四九年八月、歴史に残る大事件があった。これは青森県弘前市で大学教授の妻が忍び込んだ何者かに襲われ殺害されたもので、教授夫人殺人事件とあって、当時の同県警察本部は、全力を挙げて捜査に当たった。その結果、事件から二週間ばかりして、Nさんという二十五歳になる青年が容疑者として逮捕された。犯行を否認し、無実を主張するNさんに対して、地方裁判所は証拠不十分で無罪の判決を下すのだが、検察側は控訴。高等裁判所、最高裁判所と審理が続けられた末に、懲役十五年の刑が確定し、Nさんは服役した。

刑　貴　渡　察　妙　捜　夫　逮　捕　嫌　疑　間　権　降
県　弘　前　忍　襲　否　認　裁　拠　下　検　控　訴　等
審　懲　役

ところが、この事件には思わぬ結末が待っていた。Nさんが刑期を終え刑務所を出てから数年後、真犯人が名乗り出たのである。審理が再開され、最終的にNさんの無実が証明された。逮捕されてから三十年にしてやっと勝ち取った無罪判決である。無罪までの長い道のりを歩んだ二十五歳の青年は、そのとき既に五十五歳になっていた。

無実の者が有罪の判決を下されることを「えん罪」と言う。Nさんの事件以外にも、身内や支援グループの長年にわたる努力が実を結び、死刑が無罪に逆転したというえん罪事件がいくつかある。えん罪事件の報道のたびに、「もし間違って逮捕されていたのが自分だったら...」と、それを我が身の事として考えた人も少なくなかったはずである。死刑の判決が下され執行された後で、それがえん罪であったことが判明した場合、一体誰が、どんな責任を取り得るのであろうか。人が人を裁くことの恐ろしさを考えずにはいられない。

一九八九年、国連では多くの国の支持を得て、死刑廃止条約が採択された。これを契機に、死刑制度を一部ないしは全面的に廃止する国が増え、二〇〇四年現在、その数は百十カ国以上に上っている。一方、国内にあっては、国連での条約の採択に先立ち、一九八八年、政府によって『犯罪と処罰に関する世論調査』が実施された。それによると、調査対象となった人のうち三人に二人が「死刑制度廃止の是非」に反対の立場を選択した。政府はこの調査結果を検討した上で、条約の採択を見送るという結論に至った。この調査では、死刑廃止に反対する理由として「『罪を憎んで人を憎まず』で、建て前としては死刑廃止論に賛成です。しかし、身内の一人が殺され、ましてそれが我が子であったりした場合、恨みを晴らさずにはおかない。

再　支　執　裁　条　採　択　罰　施　討　至　罪　憎　賛
恨

Reading 猫ばばと死刑

何とかできないものか。法律でできないなら、いっそこの手で犯人を殺してやる…そう思うのが人の情というものではないでしょうか」と、人間の本音が語られている。感情的には確かに納得するに足る意見である。

裁判が人間の判断に基づいて行われる以上、間違いが生じないとは言い切れない。現に、「猫ばば」事件では、不正を正し、市民の安全を守るべき警察からして組織内部の不正すら見つけられず、市民に疑いをかけるという始末である。また、三十年もの間殺人犯扱いされ、人生の大半を犠牲にしたＮさんのような人もいる。

日本では、裁判をより身近で信頼できるものにするため、二〇〇九年までに裁判員制度が導入される。抽選で選ばれた一般市民が裁判に加わることになるのだが、制度がどのように変わっても、第二、第三のＡさん、Ｎさんが現れないと断言できる保証はどこにもない。人が人を裁くということ、自らの問題として今一度考えてみる良い機会ではないだろうか。

音　納　得　基　組　織　疑　始　犠　牲　抽

答えましょう

次の質問に答えてください。

1 A さんはどんな嫌疑をかけられましたか。
2 事件が解決するまでの間、A さんはどんな状況に置かれましたか。
3 犯人は誰でしたか。マスコミはこの事件をどう扱いましたか。
4 N さんは何の容疑で逮捕されましたか。
5 逮捕から無罪までの道のりを説明してください。
6 現在、死刑制度に対して世界ではどのような動きがありますか。
7 死刑制度に対する日本の世論はどうですか。
8 それはどんな理由からですか。
9 裁判の恐ろしさはどんな点にありますか。簡単にまとめてください。
10 皆さんは人が人を裁くことをどう思いますか。

使いましょう

A 「～限らない」という言い方を練習しましょう。

A -1「～ないとも限らない」

1 A：やっぱりだめかな。
B：うん、でも、________________とも限らないから、一度やってみようよ。
2 何かの間違いで________________とも限らないから、十分注意しなければなりません。
3 実際にやってみれば________________とも限らないから、________________。
4 将来、________________とも限らないので、________________。

A-2「～とは限らない」

1 A：日本の大学生って＿＿＿＿＿＿＿＿ね。

B：そうかな。日本の大学生すべてが＿＿＿＿＿＿＿＿とは限らないと思うけど。

2 いつもちゃんとできているからといって、＿＿＿＿＿＿＿＿とは限らないでしょう。

3 全く＿＿＿＿＿＿＿＿とは限らないので、＿＿＿＿＿＿＿＿。

4 必ずしも＿＿＿＿＿＿＿＿とは限らないから、＿＿＿＿＿＿＿＿。

B「～ずにはいられない」という言い方を練習しましょう。

1 A：ストレス、大変でしょうね。

B：ええ、ストレスがたまると、＿＿＿＿＿＿＿＿ずにはいられないこともありますね。

2 ＿＿＿＿＿＿＿＿を考えると、＿＿＿＿＿＿＿＿ずにはいられなくなります。

3 ＿＿＿＿＿＿＿＿と、＿＿＿＿＿＿＿＿ずにはいられないときもあります。

4 ＿＿＿＿＿＿＿＿と分かっていても、＿＿＿＿＿＿＿＿ずにはいられないときもあります。

5 ＿＿＿＿＿＿＿＿ずにはいられなくなったら、＿＿＿＿＿＿＿＿。

C「～ないものか」という言い方を練習しましょう。

1 A：もうずいぶん待っているんです。もう少し＿＿＿＿＿＿＿＿ていただけないものでしょうか。

B：すみません。今年中には何とかいたしますので、もうしばらく....。

2 もう少し＿＿＿＿＿＿＿＿てもらえないものだろうか。このままではみんな分からないよ。

3 彼、もっと＿＿＿＿＿＿＿＿ないものかなぁ。今のままでは家族がかわいそうだ。

4 いろいろ試してみたんですが、だめなんです。何か＿＿＿＿＿＿＿＿ないものでしょうか。

5 いつまで＿＿＿＿＿＿＿＿のだろう。＿＿＿＿＿＿＿＿ないものかな。

D 「～からして」という言い方を練習しましょう。

1 A：山田君は＿＿＿＿＿＿＿＿になって変わったね。
B：そうだね。やっぱり、＿＿＿＿＿＿＿＿と、＿＿＿＿＿＿＿＿からして違ってくるよね。

2 A：あの人、何か変わった仕事してるんだろうね。
B：うん。そうだね。外見からして、＿＿＿＿＿＿＿＿には見えないからね。

3 持っている物からして、＿＿＿＿＿＿＿＿ということが伝わってくるようです。

4 A：どうして、そんなに田中さんを嫌うんですか。
B：＿＿＿＿＿＿＿＿からして、＿＿＿＿＿＿＿＿。

5 ＿＿＿＿＿＿＿＿は、＿＿＿＿＿＿＿＿からして、＿＿＿＿＿＿＿＿。

グラフに慣れましょう

I　グラフを見て、次の質問に〇か×で答えてください。

死刑制度に関するアンケート結果(法律に携わる人約 1000 人を対象)

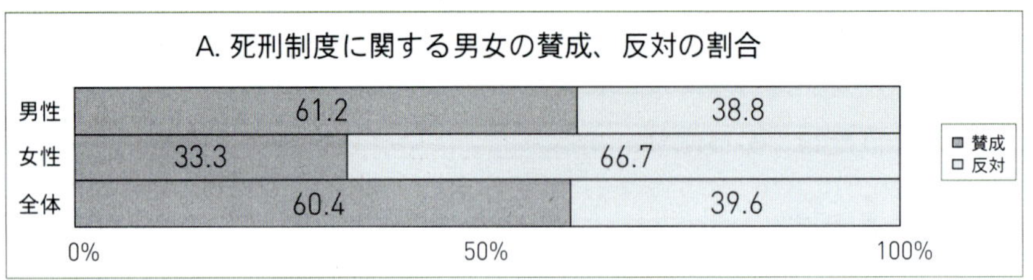

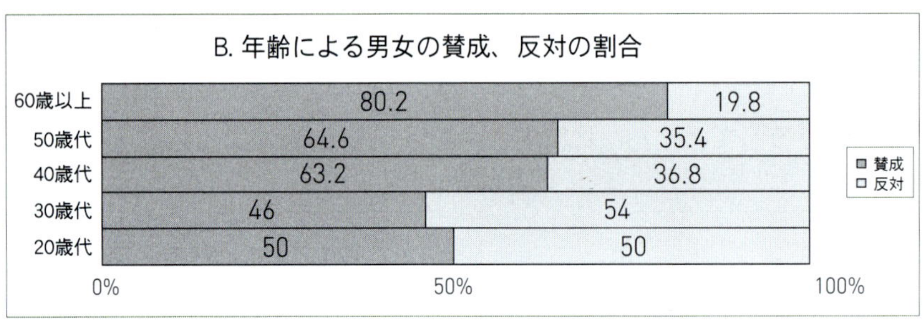

1 (　　) このグラフは死刑制度について法律の専門家を対象にアンケートを行った結果である。
2 (　　) 死刑制度に対する考え方に男女の違いはあまり見られない。
3 (　　) 女性より男性の方が死刑制度に反対する人が多い。
4 (　　) 年齢が上がれば上がるほど、反対する人の割合が多くなる。
5 (　　) 40 代と 50 代は賛成と反対がほぼ同じ割合である。
6 (　　) 80 代では、賛成が反対を大きく上回り、8 割に上る。
7 (　　) 反対が賛成を上回っているのは 20 代と 30 代である。
8 (　　) 賛成と反対が全く同じ割合になっているのは 20 代である。

II グラフから分かることを書いてみましょう。

神(かみ)の手・人の手

新しい言葉

神(かみ)	生命(せいめい)	胎内(たいない)	肺(はい)
呼吸(こきゅう)スル	宣言(せんげん)スル	ドラマ	演(えん)じる
創造(そうぞう)スル	気(き)が遠(とお)くなる	原始(げんし)	生物(せいぶつ)
陸(りく)	適応(てきおう)スル	進化(しんか)スル	そっくりナ・ニ
凝縮(ぎょうしゅく)スル	メカニズム	解(と)き明(あ)かす	人体(じんたい)
細胞(さいぼう)	分裂(ぶんれつ)スル	兆(ちょう)	受精(じゅせい)スル
染色体(せんしょくたい)	組(く)み合(あ)わせ[←組(く)み合(あ)わせる]		(染色体(せんしょくたい))中(ちゅう)
DNA	物質(ぶっしつ)	遺伝(いでん)スル	伝達(でんたつ)スル
及(およ)ぶ	領域(りょういき)	摂理(せつり)	謙虚(けんきょ)ナ・ニ
だが	踏(ふ)み込(こ)む	神秘(しんぴ)	(光(ひかり)を)当(あ)てる
秘密(ひみつ)	ベール	はがす	うかがい知(し)る
複雑(ふくざつ)ナ・ニ	仕組(しく)み[←仕組(しく)む]	包(つつ)む	胎児(たいじ)
解明(かいめい)スル	過程(かてい)	応用(おうよう)スル	積極的(せっきょくてき)ナ・ニ
受精卵(じゅせいらん)	判別(はんべつ)スル	精密(せいみつ)ナ・ニ	検査(けんさ)スル
正常(せいじょう)ナ・ニ	見極(みきわ)める	挑戦(ちょうせん)スル	観察(かんさつ)スル
異(こと)なる	微妙(びみょう)ナ・ニ	操作(そうさ)スル	クローン
同一(どういつ)	個体(こたい)	羊(ひつじ)	理論(りろん)

組み換える(くみかえる)	認知症(にんちしょう)	難病(なんびょう)	中絶(ちゅうぜつ)スル
歯止め(はどめ)	失う(うしなう)	飛躍(ひやく)スル	大幅(おおはば)ナ・ニ
低下(ていか)スル	並行(へいこう)スル	法(ほう)	論議(ろんぎ)スル
死(し)	判定(はんてい)スル	根底(こんてい)	生(せい)
医学(いがく)	手を出す(てをだす)	境界(きょうかい)(境界線(きょうかいせん)を)引く(ひく)	
言い換える(いいかえる)	改めて(あらためて)[←改める(あらためる)]		

大切な表現

～ともなく	～にほかならない	～にもまして
～というよりむしろ	～といえども	

神の手・人の手

1-06

「オギャー！」新しい生命誕生の瞬間である。それまで母の胎内で生きてきた一つの生命が、自らの肺で呼吸し、自らの力で生きると独立を宣言する声でもある。この生命の誕生というドラマ。二百七十日余りの間、子宮という小さな宇宙で演じられる創造のドラマ。そこには、四十億年という気の遠くなるような時間の流れの中で、原始の海に誕生した生物が陸の生活に適応し、人類へと進化してきた歴史がそっくりそのまま凝縮されているとも言う。今では、生命のメカニズムが少しずつ解き明かされ、人体が「細胞」から出来ていること、たった一つの細胞が母親の胎内で分裂を繰り返し、およそ十か月かけて四兆にまで増え、次第に人間の姿になっていくこと、また、受精時の染色体の組み合わせにより男女の性別が決まり、その染色体中の DNA と呼ばれる物質が遺伝の情報を伝達することなどが分かってきている。それにもかかわらず、我々はこの生命の誕生を、人の手の及ばぬもの、神の領域に属するものとして「自然の摂理」と呼び、謙虚な姿勢で受け入れてきた。

だが、人間は、いつからともなくその謙虚さを忘れ、神の領域にまで踏み込み始めた。「自然の摂理」であったはずの生命の神秘に科学の光を当て、その秘密のベールを一枚ずつはがし始めたのである。そうすることによって、それまではうかがい知ることのできなかった複雑な生命の仕組みを徐々に明らかにしてきた。その結果、神秘のベールに包まれていた胎児の様子が、今では出産前に確かめられるようになり、その性別を知ることができるまでになった。また、「自然の摂理」を科学的に解明する過程で手に入れた知識や技術を応用し、それまでは人間の力を超えるものという捕らえ方をしていた生命の仕組みに対して、積極的に手を加えることも始めたのである。

現在の産婦人科医療は、その良い例である。「人工授精」や「体外受精」などが不妊治療として一般化しており、さらに、第三者の子宮内で受精卵を育てる、いわゆる

神　胎　肺　宣　宮　演　創　凝　縮　解　明　細　胞　裂
兆　色　摂　謙　虚　踏　密　複　包　児　程　積　卵

「代理母」さえ存在する。また、産む前に男女の判別が可能になったばかりでなく、精密な検査によって胎児が「正常」か「異常」かを見極め、必要ならば、胎内で治療・手術することも可能である。これらはすべて、人間の「自然の摂理」に対する一つの挑戦(ちょうせん)にほかならず、神秘的な神の領域を謙虚な姿勢で観察し受け入れていたのとは、大きく異(こと)なると言えよう。

さらに現在では、遺伝子の微妙(びみょう)な操作(そうさ)で、クローンと呼ばれる全く同一の個体を作り出すことが可能であり、野菜や果物(くだもの)はもとより、クローン羊(ひつじ)、クローン牛が作り出されている。理論上は、クローン人間を作ることすら可能なのだ。遺伝子を組み換えて作り出される新しい種類の農産物などは、既に我々はそれを口にしている。また認知症、白血病などの難病を治療するため、中絶された胎児の細胞を患者に移植する方法などは、もう実用段階に来ている。医療技術の進歩はとどまるところを知らず、歯止めを失った感すらある。

確かに、平均寿命は飛躍的に伸び、死亡率は大幅に低下してきた。が、それと並行(へいこう)して医療技術の進歩が引き起こす法的、倫理的(りんりてき)、宗教的問題は、関係学会に限らず広く論議を呼び、以前にもまして大きな社会問題となっている。いまだに続く脳死を死と判定するかどうかという問題などはその典型と言っていいだろう。このような論議が起こる根底(こんてい)には、生と死の問題は、医療の分野というよりむしろ神の領域にかかわる問題であり、医学といえども手を出すべき問題ではないという考え方があるのではないだろうか。

医療技術のより一層の進歩が望(のぞ)まれる一方で、人間が人間のコピーを作り出したり、胎児に手を加えたりということも可能になりつつある現在、我々は、「自然の摂理」という神の領域と人間の領域の境界線をどこに引くべきか、言い換えれば、人間が踏み込むことができる領域はどこまでなのか、ここでもう一度、改(あらた)めて考えてみる必要があるのではないだろうか。

挑　異　微　操　果　羊　並　倫　底　望　改

答えましょう

次の質問に答えてください。

1 「オギャー」という声は何を宣言する声ですか。
2 男女の性別を決めるのは何ですか。また、遺伝の情報を伝達するのは何ですか。
3 このような生命の誕生に対して、人間は今までどのように考えてきましたか。
4 生命の仕組みに対する姿勢はどう変わりましたか。
5 例えば、今どのようなことが行われていますか。
6 これからどのようなことが可能になると言われていますか。
7 医療技術の進歩はどのような社会問題を引き起こしていますか。
8 その根底にあるのはどのような考え方だと言っていますか。
9 生命の仕組みに対する考え方はどう変わってきましたか。簡単にまとめてください。
10 皆さんは人間が踏み込むことができる領域はどこまでだと思いますか。

使いましょう

A 「～ともなく」という言い方を練習しましょう。

1 ＿＿＿＿＿＿＿＿はどこへともなく＿＿＿＿＿＿＿＿。
2 いつからともなく、＿＿＿＿＿＿＿＿。
3 何を買うともなく、＿＿＿＿＿＿＿＿。
4 何をするともなく、＿＿＿＿＿＿＿＿。
5 ＿＿＿＿＿＿＿＿ともなく、＿＿＿＿＿＿＿＿。

B 「～にほかならない」という言い方を練習しましょう。

1 ＿＿＿＿＿＿(の)は、両親のおかげにほかならないのです。

2 ＿＿＿＿＿＿(の)は、環境への破壊行為にほかならないのです。

3 ＿＿＿＿＿＿(の)は、神への挑戦にほかなりません。

4 ＿＿＿＿＿＿(の)は、現代の社会に問題があるからにほかならないと思われます。

5 ＿＿＿＿＿＿(の)は、＿＿＿＿＿＿にほかなりません。

C 「～というよりむしろ」という言い方を練習しましょう。

1 A:環境破壊はその国だけの問題でしょうか。
B:その国だけの問題というよりむしろ、＿＿＿＿＿＿。

2 A:ダイエットをするのは、健康を考えてのことでしょうか。
B:いいえ、＿＿＿＿＿＿というよりむしろ、＿＿＿＿＿＿。

3 A:結婚して仕事をやめる女性が多いのは、仕事をしたくないからなのですか。
B:いいえ、＿＿＿＿＿＿というよりむしろ、＿＿＿＿＿＿。

4 A:＿＿＿＿＿＿＿＿＿＿＿＿＿＿＿＿＿＿。
B:いいえ、個人の問題というよりむしろ、＿＿＿＿＿＿。

5 A:＿＿＿＿＿＿＿＿＿＿＿＿＿＿＿＿＿＿。
B:＿＿＿＿＿＿というよりむしろ、＿＿＿＿＿＿。

D 「～といえども」という言い方を練習しましょう。

1 休みの日といえども、＿＿＿＿＿＿。

2 医療技術の進歩した現代といえども、＿＿＿＿＿＿。

3 ＿＿＿＿＿＿といえども、＿＿＿＿＿＿わけにはいかないでしょう。

4 ＿＿＿＿＿＿といえども、＿＿＿＿＿＿が必要です。

5 ＿＿＿＿＿＿といえども＿＿＿＿＿＿。

グラフに慣れましょう

I　グラフを見て、次の質問に○か×で答えてください。

代理出産に関する意識調査の結果

（「あなたが子供を望んでいるのになかなかできないとしたら、あなたはこの技術を利用しますか？」）

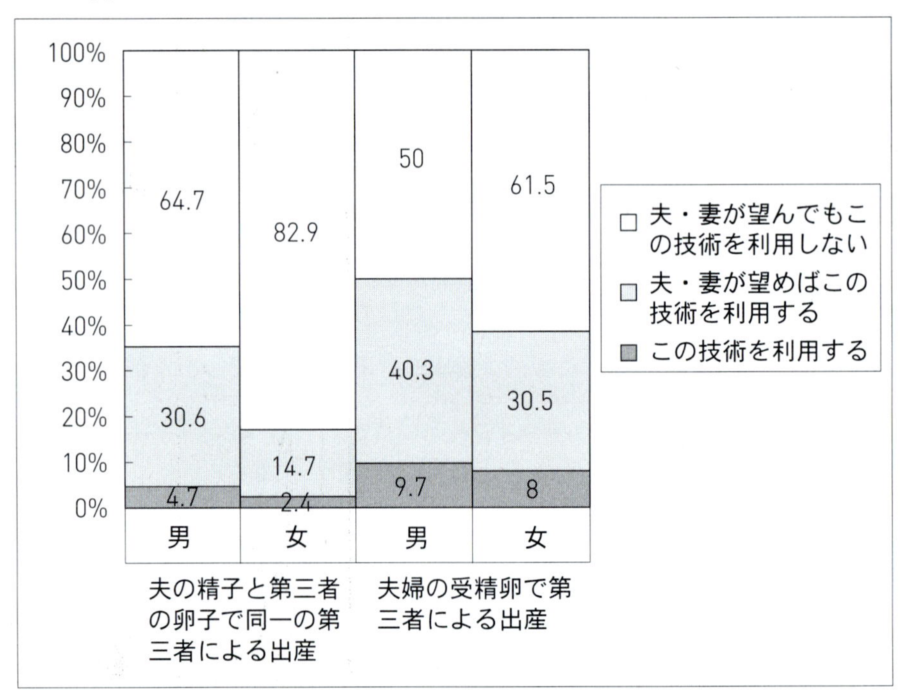

1 （　　）このグラフは代理出産を行った人の割合を表したものである。

2 （　　）代理出産は、夫婦の受精卵を使用する場合とそうでない場合がある。

3 （　　）全体に見て、代理出産の技術を利用する、または夫婦のどちらかが望めば利用すると答えた人が利用しないと答えた人を上回っている。

4 （　　）利用すると答えた人の割合は、夫婦の受精卵を使用する場合の方が高い。

5 （　　）夫婦の受精卵を使用しない場合、この技術を利用しないと答えた女性は 8 割を超える。

6 （　　）どちらの出産の場合も、男性の方が女性より利用するという割合が高い。

7 （　　）夫婦の受精卵を使用する場合、利用すると答えた男性の割合は利用しないを上回る。

8 （　　）夫婦の受精卵を使用する場合、利用すると答えた女性は約 3 割である。

II グラフから分かることを書いてみましょう。

顔をなくしたふるさと

新しい言葉

生まれ育つ	城下町	湖	うっそうと
茂る	杉林	城	(城)跡
泥	遊び回る	てこずる	列車
遠ざかる	身を切る	(言うこと)なし	
ありがたき[←ありがたし]～		(ありがたき)かな	
(十数年)ぶりニ	降り立つ	(季節)はずれ	観光スル
ああ(する)	歓迎スル	広場	はっぴ
ここ(数年)	おかげさまで	整備スル	一角
面影	心ここにあらず	上の空	依頼スル
無事ナ・ニ	気になる	ついでニ	夕食
断る	とりあえず	町並み	架かる
腕白ナ・ニ	運	夕日	もやもや(と)スル
抑える	入る	傷む	(仕事)柄
通り	今風	造り[←造る]	そこここ
掲げる	たたずまい	何かしら	裏切る
気がする	似ても似つかぬ～	メニュー	郷土
目の玉が飛び出る	もうける	小(都市)	仕方がない
食欲	そぐ	雰囲気	味わう

気を取り直す	応対スル	強調スル	よそよそしい
(言い)よう	何とも		

固有名詞 石川啄木／『一握の砂』／山陰

大切な表現

～てならない	～うにも〔～ない〕	～といい、～といい
～ではないか	～手前	～なりとも
～こととて		

顔をなくしたふるさと

1-07

私が生まれ育ったふるさと―山陰(さんいん)の小さな城下町(じょうかまち)なのだが、そこを後にしたのは十歳のときのことだから、もう三十数年も前のことになる。当時小学生だった私は、学校が終わると仲間と集まっては、毎日暗くなるまで湖(みずうみ)で魚釣(さかなつ)りをしたり、うっそうと茂(しげ)る杉林(すぎばやし)に囲まれた城跡(しろあと)で泥(どろ)だらけになって遊び回ったものである。

父の転勤が決まったとき、この仲間たちと別(わか)れるのが嫌で、一人でここに残ると言って両親をてこずらせたこと、ふるさとの駅を離れる列車の窓(まど)から、遠ざかっていく思い出の山や川を見つめながら身を切られるような思いがしたこと、みんな昨日のことのように覚えている。

ふるさとの山に向かひて
言ふことなし
ふるさとの山はありがたきかな　（石川啄木(いしかわたくぼく)『一握(いちあく)の砂(すな)』より）

先日、仕事の関係で十数年ぶりにそのふるさとを訪れる機会に恵まれた。ふるさとの駅に降(お)り立って「おやっ」と思ったのは、季節(きせつ)はずれの笛(ふえ)と太鼓(たいこ)の音が聞こえたからだった。迎えに来てくれていた取り引き先の人に、「お祭(まつ)りですか」と尋ねると、「いいえ。地元(じもと)の若い人たちが中心になって、観光客を増やすために、ああして一年中笛と太鼓で観光客の歓迎(かんげい)をしてるんです」という言葉が返ってきた。駅を出てみると、確かに駅前の広場で数人の若い人たちがはっぴ姿で太鼓を囲んでいた。今「地方の時代」ということで、ここ数年、私のふるさとを訪ねる観光客もずいぶん増えたのだそうだ。「おかげさまで、あちらこちらでいろいろな整備(せいび)が進みましてね」という説明の通り、駅前の一角(いっかく)は昔の面影をなくしてしまっていた。

陰　城　湖　釣　茂　杉　城　跡　泥　別　窓　石　啄　木
握　砂　降　季　笛　鼓　祭　元　迎　整　角　景

迎えの車の中では、取り引き先の人たちが早速仕事の打ち合わせを始めた。しかし、私は心ここにあらずで上の空。窓の外を流れるふるさとの景色を目にしてどこか落ち着かない。「違う。何かが違う」という思いが頭を離れない。依頼された仕事を無事に終えた後もそのことが気になってならない。それで、ここまで来たついでに古い友人を訪ねたいからと夕食の誘いを断り、一人で町を歩いてみようと思い立った。

湖で捕れた魚を、安くおいしく食べさせる食堂があったのを思い出し、とりあえずそこへ行ってみることにした。懐かしい町並みを歩き、湖に架かる橋を渡って、腕白だったころの自分に戻ってみたい。運が良ければ、橋の上から湖に沈む夕日が見えるかもしれない。きっとふるさとは、昔と同じように私を迎えてくれるに違いない。昔ながらのふるさとに出会えば、心のもやもやもはっきりするだろう。抑えようにも抑え切れないふるさとへの思いを胸に、私は、少々の道のりも気にせず歩き続けた。

ふるさとに入りて
先づ心傷むかな
道広くなり橋もあたらし

やはりここは自分のふるさととは違うぞと思った。私は仕事柄、よくあちらこちらへ出かけるが、そのどこかの地方都市を歩いているのと少しも変わらない。確かに、通りの名前も湖に架かる橋も昔のままなのだが、今風の店の造りといい、そこここに掲げられている観光客向けの看板といい、思い出につながるたたずまいがすっかり姿を消してしまっている。昔の顔をなくしてしまったふるさとに、私は何かしら裏切られたような気がした。

色　断　並　架　腕　沈　抑　傷　造　掲　看　板

顔をなくしたふるさと

目指す食堂に着いてみると、これがまた昔とは似ても似つかぬ高級レストランに変わっているではないか。メニューを見ると、懐かしい郷土料理の名前の横に、目の玉が飛び出るような数字が並んでいる。観光客相手にもうけなければ商売にならない。過疎(かそ)に悩む地方の小都市が生き延(の)びるためには、仕方がないことなんだと頭では納得しつつも、すっかり食欲をそがれてしまった。それでも、店に入った手前、そのまま出るわけにもいかず、せめて雰囲気(ふんいき)なりとも味わおうと気を取り直して注文したのだが、応対する店の人たちの言葉にもふるさとのにおいがない。十数年ぶりのこととて、全く昔のままとは考えていなかったが、私のふるさとは、すっかり昔の顔をなくしてしまっていた。

地域を活性化するために「地方の時代」が強調されて、観光客の増加を図(はか)るさまざまな計画は大歓迎だ。しかし、顔をなくしてしまったふるさとの、そのよそよそしいたたずまいに感じた、言いようのない寂しさと何とも割り切れない気持ちを、私はどうすることもできなかった。

疎　延　雰　図

答えましょう

次の質問に答えてください。

1 これを書いた人は、ふるさとにどんな思い出を持っていますか。
2 子供のとき、どんな気持ちでふるさとを離れましたか。
3 ひさしぶりにふるさとを訪れて「おやっ」と思ったのはどうしてですか。
4 それは何のために行われているのですか。
5 迎えの車の中で仕事の話に上の空だったのはどうしてですか。
6 一人で町を歩いてみようと思い立ったのはどうしてですか。
7 町はどのように変わっていましたか。
8 食堂はどのように変わっていましたか。
9 「ふるさとが顔をなくす」とはどういうことですか。簡単にまとめてください。
10 地域を活性化するために皆さんならどのような方法を取りますか。

使いましょう

A 「～てならない」という言い方を練習しましょう。

1 ______________どうか、気になってなりません。
2 どうして______________かと不思議でなりません。
3 ______________てからしばらくは寂しくてなりませんでした。
4 ______________という話を聞いて、______________なりませんでした。
5 ______________と、______________なりません。

B 「～うにも〔～ない〕」という言い方を練習しましょう。

1 とても怖くて______________うにも______________ませんでした。
2 風がとても強くて______________うにも______________ない状態でした。

3 A：たくさんアルバイトをして、給料一杯もらったんでしょう。

B：ええ、でもこんなに忙しくては＿＿＿＿＿＿＿うにも＿＿＿＿＿＿＿ませんよ。

4 A：日曜日なのにどこへも行かないんですか。

B：＿＿＿＿＿＿＿ので、＿＿＿＿＿＿＿うにも＿＿＿＿＿＿＿。

5 A：＿＿＿＿＿＿＿＿＿＿＿＿＿＿＿＿＿＿＿＿＿＿。

B：＿＿＿＿＿＿＿ので、＿＿＿＿＿＿＿うにも＿＿＿＿＿＿＿。

C 「ついでに」という言い方を練習しましょう。

1 銀行へ行くついでに、＿＿＿＿＿＿＿。

2 部屋を掃除したついでに、＿＿＿＿＿＿＿。

3 買い物のついでに、＿＿＿＿＿＿＿。

4 ＿＿＿＿＿＿＿。そのついでに、＿＿＿＿＿＿＿。

5 ＿＿＿＿＿＿＿ついでに、＿＿＿＿＿＿＿。

D 「～といい、～といい」という言い方を練習しましょう。

1 進一君は＿＿＿＿＿＿＿といい、＿＿＿＿＿＿＿といい、お父さんによく似ています。

2 この店の料理は＿＿＿＿＿＿＿といい、＿＿＿＿＿＿＿といい、ほかの店とは比べものになりません。

3 最近は＿＿＿＿＿＿＿ことといい、＿＿＿＿＿＿＿ことといい、生活が大変です。

4 今度引っ越す所は＿＿＿＿＿＿＿といい、＿＿＿＿＿＿＿といい、＿＿＿＿＿＿＿。

5 ＿＿＿＿＿＿＿は＿＿＿＿＿＿＿といい、＿＿＿＿＿＿＿といい、＿＿＿＿＿＿＿。

グラフに慣れましょう

I　グラフを見て、次の質問に○か×で答えてください。

「ふるさとに帰って、仕事がしたいですか？」
（都会で働く人対象）

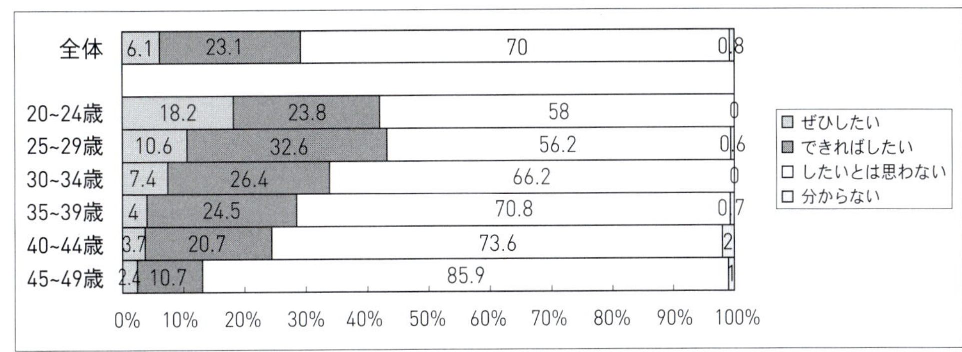

1 （　　）このグラフは、ふるさとに帰って仕事をする気持ちがあるかどうかを尋ねた結果である。
2 （　　）ふるさとに帰って仕事をしたいと思わないと答えた人は、全体の 7 割に上る。
3 （　　）年齢が高くなればなるほど、ふるさとへ帰りたいと答えた人の割合が高くなる。
4 （　　）「ぜひしたい」と答えている人の割合がもっとも高いのは 20 代後半である。
5 （　　）「ぜひしたい」「できればしたい」を合わせた割合がもっとも高いのは 30 代である。
6 （　　）「ぜひしたい」と答えている人の割合がもっとも低いのは 40 代後半である。
7 （　　）「できればしたい」と答えている人の割合がもっとも高いのは 20 代後半である。
8 （　　）40 代後半では 9 割以上の人が「したいとは思わない」と答えている。

II　グラフから分かることを書いてみましょう。

コンピュータ夢物語

新しい言葉

夢物語(ゆめものがたり)	改札(かいさつ)スル	(改札)口(かいさつぐち)	自動(じどう)
かざす	ランプ	点滅(てんめつ)スル	行(ゆ)く手(て)
阻(はば)む	元(もと)	やり直(なお)す	拝見(はいけん)スル
取(と)り調(しら)べ[←取(と)り調(しら)べる]		むっとスル	(定期(ていき)が)切(き)れる
抗議(こうぎ)スル	ろくナ・ニ〔〜ない〕	取(と)り合(あ)う	いぶかしい
(いぶかし)げナ・ニ		さっさと	よこす
厳密(げんみつ)ナ・ニ	入力(にゅうりょく)スル	プログラム	実行(じっこう)スル
マイクロコンピュータ		組(く)み込(こ)む	隅々(すみずみ)ニ
入(はい)り込(こ)む	製品(せいひん)	成(な)り立(た)つ	ほんの〜
半(はん)(世紀(せいき))	ハードウエア	ソフトウエア	〜ともに
一変(いっぺん)スル	制御(せいぎょ)スル	追突(ついとつ)スル	勝手(かって)ナ・ニ
スピード	カーナビ[←カーナビゲーション]		避(さ)ける
(目的(もくてき))地(ち)	最短(さいたん)	距離(きょり)	コース
ネットワーク	充実(じゅうじつ)スル	ディスプレイ	結(むす)ぶ
マイペース	家事(かじ)	分担(ぶんたん)スル	差別(さべつ)スル
戦(たたか)わす	炊事(すいじ)スル	指令(しれい)スル	ドクター
体調(たいちょう)	(手(て)を)当(あ)てる	血圧(けつあつ)	脈拍(みゃくはく)

診断スル	指示スル	SF (映画)	ゆだねる
信じ込む	頼る	ミススル	犯す
狂う	根本	覆す	程度
腹を立てる	(五百人)乗り	トラブル	ウイルス
妨害スル	混乱スル	数多い	仮ニ
完璧ナ・ニ	快適ナ・ニ	安住スル	なまじ
労働スル	肩代わりスル	事態	陥る
備わる	能力	退化スル	(半世紀)足らず
(使い)こなす	コントロールスル	質	結びつける
意図スル	反する		

大切な表現

～途端ニ	～とばかりニ	～と言っても過言ではない
～ことはない	～で済む	～なり～なり
～ものか	～じゃあるまいし	～をもってすれば
～ものだろうか	～はおろか	～としたら
～たばかりニ	～あっての～	(頼り過ぎる)あまり

コンピュータ夢物語

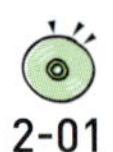

2-01

地下鉄の改札口でのことである。いつものように定期券を自動改札機にかざした途端、赤ランプが点滅、行く手を阻まれた。もう一度元に戻ってやり直してみたが、結果はやはり同じ。戸惑っているところへ駅員がやってきて、「ちょっと拝見します。...おかしいな」と言う。取り調べでもするかのような相手の態度にむっとして「おかしいのは機械の方だろ。この定期まだ切れてないんだし」と抗議したが、最新型のコンピュータを使った機械だからこんなことは起こるはずがないと、ろくに取り合おうともしない。結局駅員は、いぶかしげな顔をしながら「さっさと通れ」とばかりに、私に定期券を返してよこした。

この自動改札機に使われている「最新型のコンピュータ」は、厳密に言うと、あらかじめ入力された通りにプログラムを実行していくマイクロコンピュータである。これは、実に様々な機器に組み込まれ、現在我々の生活の隅々にまで入り込んでいる。キャッシュカードやクレジットカードをはじめ、テレビ、ビデオや電子レンジなど毎日お世話になる家庭用電化製品に至るまで、コンピュータなしでは現代の生活が成り立たないと言っても過言ではない。

コンピュータは、ほんの半世紀ほどの間に、ハードウエア、ソフトウエアともに驚くべき速さで開発が進み、我々の生活は一変してしまったと言ってもいい。コンピュータ制御の車は、追突しそうになると勝手にスピードを落としてくれるし、運転席の横に取りつけられたカーナビが渋滞を避けながら、目的地へ最短距離で行けるコースを教えてくれる。パソコンによる通信ネットワークが充実し、子供たちはディスプレイに向かい自由に勉強し、両親はそれぞれの勤め先と結ばれたパソコンを前にマイペースで仕事をする。そんなことだって、今すぐやろうと思えばやれないことはない。家事の分担で男女差別論を戦わせることもない。炊事、洗濯、

札　滅　阻　惑　拝　抗　隅　御　追　勝　避　距　離　充
差　戦

掃除など、面倒な家事も減り、一切コンピュータに指令を出すだけで済む。後は、テレビを見るなり休むなり、全く自由。そんな時代も、もう目の前だ。二十四時間健康管理をしてくれるコンピュータドクターサービス。これも、もう一部実用段階に来ている。ちょっと体調が悪いと思ったら、ディスプレイに軽く手を当てるだけで、血圧や脈拍などの必要なデータが自動的に病院に送られ、すぐに診断して適切な指示を与えてくれる。「そんなことできるものか。SF 映画じゃあるまいし」と言っていたことの多くが、今のコンピュータ技術をもってすれば、もう夢物語などではない時代なのだ。

こうして我々は、生活の多くの部分をコンピュータにゆだねつつある。が、果たしてそれを信じ込み頼り切っていいものだろうか。コンピュータがミスを犯さないという保証はどこにもない。入力プログラムが少し狂えば、生活の秩序が根本から覆される。自動改札機がミスを犯した程度のことなら腹を立てるぐらいで済む。しかし、五百人乗りの飛行機のコンピュータにトラブルが起こったら、日常生活はおろか、命まで。そう考えるとぞっとする。その上、コンピュータが悪用され、いわゆる「コンピュータウイルス」の妨害による混乱や暗証番号を盗まれて知らぬ間にお金をすっかり引き出されるという事件も、現に、数多く報告されている。

仮に、完璧なコンピュータが作られたとしても、それによってもたらされた、快適で便利で安全な生活に安住したとしたらどうなるか。なまじ労働を機械に肩代わりさせたばかりに、自らの頭や手足を働かせることを忘れてしまうという事態にも陥りかねない。そうなれば、人間は本来備わっている能力を失い、退化していくだけである。

半世紀足らずの間に、なくてはならない存在となったコンピュータ。よく「人間あってのコンピュータ。コンピュータは人間が作った物であり、それを使いこなす

倒　切　圧　脈　診　頼　犯　狂　覆　妨　混　乱　暗　盗

Reading コンピュータ夢物語

のは人間だ」と言われる。しかし、我々はそれに頼り過ぎるあまり、何か大切なものを見失おうとしているのではないだろうか。コンピュータは、あくまで人間がコントロールする物であり、その導入によって生まれた時間的・物質的余裕を、より質の高い人間生活の実現に結びつけるのでなければ、人間はその意図に反して、コンピュータにコントロールされてしまうことになる。コンピュータ時代に生きる我々は、ある意味でコンピュータから大きな挑戦を受けているのである。

仮　壁　働　陥

答えましょう

次の質問に答えてください。

1 地下鉄の改札口でどんなことがありましたか。
2 駅員がいぶかしげな顔をしたのはどうしてだと思いますか。
3 マイクロコンピュータとはどんな物ですか。
4 それは何に使われていますか。いくつか例を挙げてください。
5 コンピュータを使って、現在どんなことができると言っていますか。
6 今後、どんなことができると言っていますか。
7 なぜコンピュータに頼り切ってはいけないのですか。
8 完璧なコンピュータができたとき、さらに問題になるのはどんなことですか。
9 我々はコンピュータとどのように付き合うべきだと言っていますか。簡単にまとめてください。
10 今後コンピュータを使ってどんなことができるようになるでしょうか。

使いましょう

A 「〜途端に」という言い方を練習しましょう。

1 家を出た途端(に)、________________。
2 結婚したら、途端に________________。
3 国の方針が変わった。その途端(に)、________________。
4 彼はそのビールを一口飲んだ。その途端(に)、________________。
5 ________________途端(に)、________________。

B 「〜なり〜なり」という言い方を練習しましょう。

1 ＿＿＿＿＿＿＿なり＿＿＿＿＿＿＿なり、好きな物を選んでください。

2 困ったときには一人で悩まずに＿＿＿＿＿＿＿なり＿＿＿＿＿＿＿なり＿＿＿＿＿＿＿。

3 休みのときには寝てばかりいないで、＿＿＿＿＿＿＿なり＿＿＿＿＿＿＿なりしなさい。

4 ＿＿＿＿＿＿＿なり＿＿＿＿＿＿＿なりして、とにかく早く情報を手に入れてください。

5 ＿＿＿＿＿＿＿なり＿＿＿＿＿＿＿なりすれば、＿＿＿＿＿＿＿。

C 「〜はおろか」という言い方を練習しましょう。

1 爆発の被害は＿＿＿＿＿＿＿はおろか、＿＿＿＿＿＿＿にまで広がってしまいました。

2 僕の給料では一戸建てはおろか、＿＿＿＿＿＿＿。

3 彼女は画家として日本はおろか、＿＿＿＿＿＿＿。

4 今のままでは＿＿＿＿＿＿＿はおろか、＿＿＿＿＿＿＿すらできません。

5 ＿＿＿＿＿＿＿はおろか、＿＿＿＿＿＿＿。

D 「〜あまり」という言い方を練習しましょう。

1 交通事故で子供を失った母親は、悲しみのあまり、＿＿＿＿＿＿＿。

2 私は感動のあまり、＿＿＿＿＿＿＿。

3 あの人は娘を愛するあまり、＿＿＿＿＿＿＿。

4 物質的な豊かさを求めるあまり、＿＿＿＿＿＿＿。

5 ＿＿＿＿＿＿＿あまり、＿＿＿＿＿＿＿。

グラフに慣れましょう

I　グラフを見て、次の質問に○か×で答えてください。

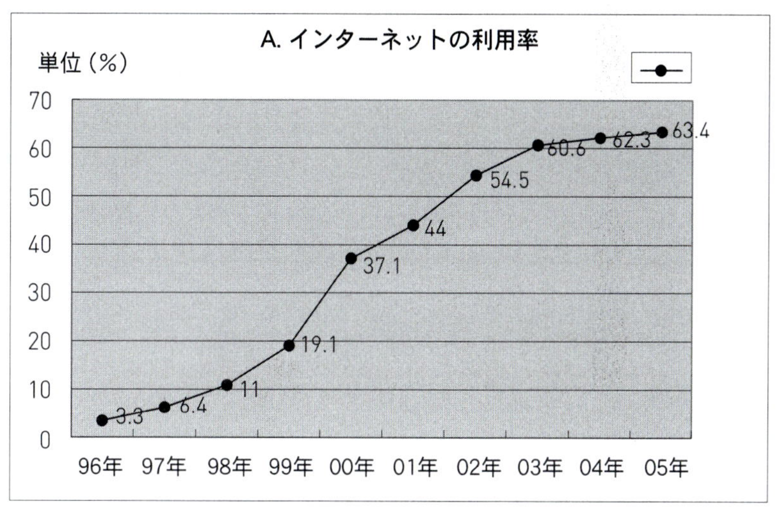

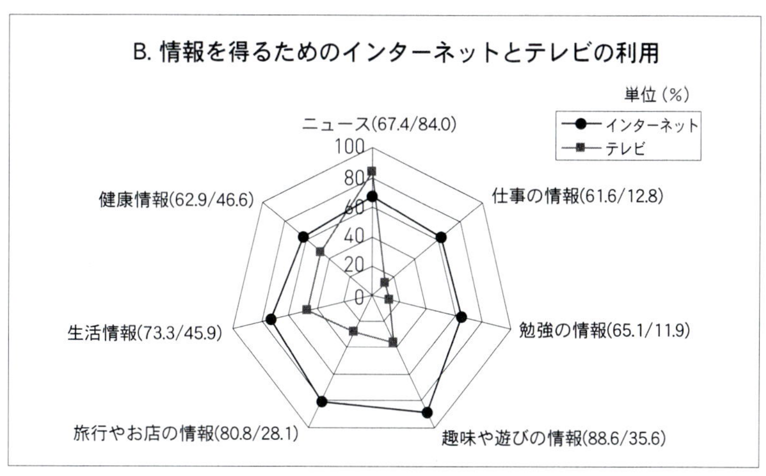

1 (　　) グラフ A はインターネットを利用する人の人口に対する割合を表したものである。
2 (　　) グラフ B は情報を得るためにインターネットとテレビをそれぞれどのように利用するかについて尋ねた結果である。
3 (　　) インターネットを利用する人の割合は、この十年間に飛躍的に伸びた。
4 (　　) インターネット利用で伸び率がもっとも高くなっているのは、2001 年から 2002 年にかけてである。
5 (　　) インターネットの利用は、ニュースの情報を得るという目的に限られている。
6 (　　) テレビの利用は、生活情報を得る場合がもっとも多い。
7 (　　) インターネットが特に多く利用されているのは、趣味や遊びの情報を得る場合である。
8 (　　) テレビは仕事や勉強に関する情報を得るためにはほとんど利用されていない。

II グラフから分かることを書いてみましょう。

____

____

____

____

パルテノンの青い空

新しい言葉

そびえる	白亜(はくあ)	一歩(いっぽ)	踏(ふ)み出(だ)す
自然(しぜん)ナ・ニ	速(はや)まる	かねて	憧(あこが)れ[←憧(あこが)れる]
いよいよ	祭礼(さいれい)	行列(ぎょうれつ)スル	松林(まつばやし)
抜(ぬ)ける	息(いき)	(息(いき)を)弾(はず)ませる	たどる
いつしか	一行(いっこう)	堂々(どうどう)(と)スル	(堂々(どうどう))たる～
(重(おも))み	何人(なんぴと)	(何人(なんぴと))たりとも〔～ない〕	
寄(よ)せつける	威厳(いげん)	工夫(くふう)スル	凝(こ)らす
仰(あお)ぎ見(み)る	均整(きんせい)	緻密(ちみつ)ナ・ニ	計算(けいさん)スル
曲線(きょくせん)	曲面(きょくめん)	正面(しょうめん)	側面(そくめん)
直方体(ちょくほうたい)	垂直(すいちょく)ナ・ニ	平行(へいこう)ナ・ニ	直線(ちょくせん)
大理石(だいりせき)	(中央(ちゅうおう))部(ぶ)	膨(ふく)らみ[←膨(ふく)らむ]	上部(じょうぶ)
傾斜(けいしゃ)スル	床面(ゆかめん)	平面(へいめん)	盛(も)り上(あ)がる
錯覚(さっかく)スル	考慮(こうりょ)スル	単(たん)に	美的(びてき)ナ
効果(こうか)	水(みず)はけ	(実用(じつよう))面(めん)	綿密(めんみつ)ナ・ニ
神々(かみがみ)	偉大(いだい)ナ	知恵(ちえ)	結晶(けっしょう)スル
紀元前(きげんぜん)	勝利(しょうり)スル	女神(めがみ)	祭(まつ)る
建造(けんぞう)スル	都市国家(としこっか)	栄光(えいこう)	象徴(しょうちょう)スル
帝国(ていこく)	支配(しはい)スル	勢力(せいりょく)	台頭(たいとう)スル

教会(きょうかい)	兵舎(へいしゃ)	火薬庫(かやくこ)	数奇(すうき)ナ
運命(うんめい)	歳月(さいげつ)	経(へ)る	苦闘(くとう)スル
戦乱(せんらん)	一段(いちだん)と	風化(ふうか)スル	べく[←べし]
粋(すい)	駆使(くし)スル	修復(しゅうふく)スル	ジャンボ(機(き))
上空(じょうくう)	隔(へだ)たり[←隔(へだ)たる]	想像(そうぞう)スル	飛(と)び回(まわ)る
あがめる	足(あし)を伸(の)ばす	完全(かんぜん)ナ・ニ	切(き)り離(はな)す
脈々(みゃくみゃく)と	反面(はんめん)	数限(かずかぎ)りない	戦(たたか)い[←戦(たたか)う]
傷(きず)つける	物言(ものい)わぬ～	しばし	たたずむ

固有名詞　パルテノン神殿(しんでん)／アテネ／ユネスコ／アクロポリスの丘(おか)／ペルシャ／アテナ／ローマ

大切な表現

～や否(いな)や	～とあいまって	～をもとに(して)
～のみならず	～にせよ	

パルテノンの青い空

2-02

. . . 真っ青な夏空にそびえる白亜の神殿。ホテルから一歩踏み出すや否や、自然に足が速まる。かねてから憧れを抱いていたパルテノン神殿にいよいよ会える。四年に一度行われた祭礼の日、日の出とともにアテネの町を発った行列は、松林を抜け、細い道を登って神殿に向かったという。当時、人々は何を思い、どんな祈りを胸に、この道を登ったのであろうか。息を弾ませながら、一歩一歩その同じ道をたどる私は、いつしか時をさかのぼり祭礼の一行に加わっていた。丘を登り切ると、そこに白い石の柱に支えられた神殿が堂々たる姿を見せていた。二千五百年という時の重みとあいまって、神殿は何人たりとも寄せつけない威厳を感じさせる。

ユネスコが世界文化遺産に指定するアクロポリス。そこに立つパルテノン神殿の建築には様々な工夫が凝らされている。アテネの人々がはるか遠くからアクロポリスの丘を仰ぎ見たとき、美しく均整の取れた姿に映るよう、緻密な計算をもとに、神殿はすべて曲線と曲面を組み合わせて出来ている。正面と後ろの八本、側面十七本の柱に支えられた神殿は、遠くから見ると直方体に見えるが、実際には、垂直や平行の直線はどこにも使われていない。大理石の柱はどれも中央部に膨らみを持たせ、上部を細くした円柱形であり、わずかに内側に傾斜して立てられている。床面も平面ではなく中央が盛り上がっている。これらはすべて、人間の目の錯覚を十分に考慮した上で設計されたものだと言われている。さらに、これらの工夫は、単に美的効果のみならず、重い屋根を支え、水はけを良くするという実用面からも綿密に計算されたものだと言う。神々の時代を生きた人たちの偉大な知恵の結晶が、今に伝えられている。

亜　殿　憧　祭　発　行　松　細　登　弾　柱　威　築　工
凝　仰　緻　算　側　直　垂　膨　柱　形　斜　床　盛　錯
考　綿　偉　晶

紀元前四三二年、ペルシャとの戦争での勝利を記念して、女神アテナを祭る場所として建てられたこの偉大な建造物は、以来、四百年にわたって、都市国家アテネの栄光と繁栄の象徴であった。紀元前三十一年からは、ローマ帝国に支配され、その後も、新しい勢力の台頭とともに、教会として、寺院として、時には、兵舎、火薬庫としても使われるという数奇な運命をたどることになる。さらに歳月を経て、一八二九年、苦闘の末ギリシャが独立を勝ち取るが、八年にわたる戦乱の影響は神殿にも及び、その一部が破壊された。ギリシャ独立後も、ヨーロッパを舞台とする様々な戦乱が原因となって神殿の破壊は一段と進んだ。古代建築時から二千五百年にわたる風化がこれに加わり、神殿の傷みはひどい。現在、アクロポリスの丘に立つ文化遺産は、未来に残すべく、建築技術の粋を駆使して修復工事が続けられている。

...ふと見上げた青空を、ジャンボ機が音もなく飛んでいる。ジャンボが飛ぶ数千メートルの上空と私が立つパルテノンの丘とを隔てる距離は、神殿が建てられてから今に至るまでの気の遠くなるような時の隔たりを象徴するかのようでもある。もちろん、当時の人たちには、今の発達した文明社会など想像しようにもできなかったであろう。今や、人間が世界中の空を所狭しと飛び回り、かつては神々の存在する場所としてあがめられていた宇宙へまでもその足を伸ばしているのである。しかし、大きく隔たって見える二つの世界は、決して完全に切り離された存在というわけではない。パルテノンとジャンボの間の二千五百年は、神殿が築かれるずっと以前から現在まで脈々と続けられてきた人類の創造の営みによって、切れることなく結びつけられているのである。

人類の歴史は、創造の歴史であった。反面、数限りない戦いと破壊の歴史でもあった。領土、民族、宗教と、原因は何であるにせよ、人間は自ら築き上げた神殿

勝　女　徴　帝　頭　寺　兵　舎　庫　経　闘　粋　駆

パルテノンの青い空

をその同じ手で傷(きず)つけてもきた。二千五百年の間、歴史の光と影を映しながら立つ物言わぬ神殿を前に、私はしばしパルテノンの丘にたたずんでいた。

傷

答えましょう

次の質問に答えてください。

1 これを書いた人は、パルテノン神殿に向かうとき、何について考えましたか。
2 神殿を目の当たりにして、どんな感じを受けましたか。
3 神殿の柱はどのように造られていますか。
4 それは何のためですか。
5 神殿は建造後、どのように利用されてきましたか。
6 現在、神殿ではどのようなことが行われていますか。またそれにはどんな意味がありますか。
7 神殿と飛行機の距離は何を象徴していますか。
8 それを結びつけているのは何だと言っていますか。
9 パルテノン神殿は私たちにどのようなことを語りかけていますか。簡単にまとめてください。
10 皆さんの国の歴史的建造物を紹介してください。

使いましょう

A 「～や否や」という言い方を練習しましょう。

1 息子は家へ帰るや否や、食事もせずに＿＿＿＿＿＿＿＿。
2 彼女は手紙を読み終わるや否や、急いで＿＿＿＿＿＿＿＿。
3 テレビでそのニュースが報道されるや否や、＿＿＿＿＿＿＿＿。
4 ＿＿＿＿＿＿＿＿や否や、父は慌てて家を出ていきました。
5 ＿＿＿＿＿＿＿＿や否や、＿＿＿＿＿＿＿＿。

B 「～をもとに(して)」という言い方を練習しましょう。

1 長年の研究をもとに(して)＿＿＿＿＿＿＿＿。
2 世論調査の結果をもとに(して)＿＿＿＿＿＿＿＿。

3 これは＿＿＿＿＿＿＿をもとに(して)書かれた作品です。

4 ＿＿＿＿＿＿＿は＿＿＿＿＿＿＿をもとに(して)作られたものです。

5 ＿＿＿＿＿＿＿をもとに(して)＿＿＿＿＿＿＿。

C「～のみならず」という言い方を練習しましょう。

1 この音楽家の名前は国内のみならず＿＿＿＿＿＿＿でも知られています。

2 環境破壊は＿＿＿＿＿＿＿のみならず＿＿＿＿＿＿＿まで大きい影響を与えます。

3 あの人は＿＿＿＿＿＿＿のみならず＿＿＿＿＿＿＿でもあります。

4 ＿＿＿＿＿＿＿のは＿＿＿＿＿＿＿のみならず＿＿＿＿＿＿＿からです。

5 ＿＿＿＿＿＿＿のみならず＿＿＿＿＿＿＿。

D「～にせよ」という言い方を練習しましょう。

D-1「～にせよ／～にしろ」

1 原因が何であるにせよ、＿＿＿＿＿＿＿。

2 何をするにせよ、＿＿＿＿＿＿＿。

3 誰が行うにせよ、＿＿＿＿＿＿＿。

4 たとえ難しい問題があるにせよ、＿＿＿＿＿＿＿。

D-2「～にせよ、～にせよ／～にしろ、～にしろ」

1 ＿＿＿＿＿＿＿にせよ、＿＿＿＿＿＿＿にせよ、自分で決めなければなりません。

2 ＿＿＿＿＿＿＿にせよ、＿＿＿＿＿＿＿にせよ、あらかじめ知らせてください。

3 ＿＿＿＿＿＿にせよ、＿＿＿＿＿＿にせよ、どちらにせよ＿＿＿＿＿＿。

4 A さんにせよ、B さんにせよ、＿＿＿＿＿＿＿。

グラフに慣れましょう

I　グラフを見て、次の質問に○か×で答えてください。

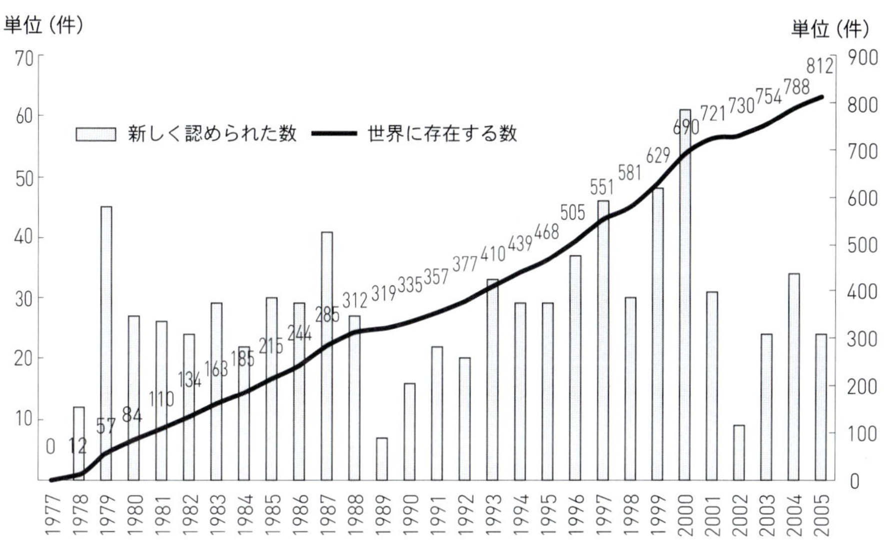

1 （　　）このグラフは、それぞれの年に認められた世界遺産の数と、その年までに世界中に存在する世界遺産の数をまとめたものである。

2 （　　）新しく世界遺産として認められる数は、毎年増え続けている。

3 （　　）世界に存在する世界遺産の数は毎年増え続けている。

4 （　　）世界遺産として認められたものがもっとも少ない年は 1989 年で、319 である。

5 （　　）世界遺産として認められたものがもっとも多い年は 2000 年で、60 を超える。

6 （　　）1978 年には世界遺産は 12 しかなかった。

7 （　　）1990 年から 2000 年までの十年間は、毎年ほぼ同じ数の世界遺産が認められていた。

8 （　　）これまでに世界に存在する世界遺産の数が少なくなったことはない。

II　グラフから分かることを書いてみましょう。

青春（せいしゅん）のひとこま

新しい言葉

青春（せいしゅん）	ひとこま	たまたま	しかも
緊張（きんちょう）スル	やがて	解（と）ける	いきさつ
物心（ものごころ）がつく	学歴（がくれき）	かわいそうナ	いやおうなく
心（こころ）を鬼（おに）にする	送（おく）り出（だ）す	(県（けん）)下（か）	公立（こうりつ）
進学（しんがく）スル	国立（こくりつ）	放課後（ほうかご）	熱中（ねっちゅう）スル
バンド	うらやましい	何（なん）としても	勝（か）ち抜（ぬ）く
合格（ごうかく）スル	中（ちゅう）の上（じょう）	浪人（ろうにん）スル	予備校（よびこう）
覚悟（かくご）スル	悲壮（ひそう）ナ	(悲壮（ひそう）)感（かん）	見逃（みのが）す
掲示板（けいじばん）	食（く）い入（い）る	励（はげ）ます	はた目（め）
抱（だ）き合（あ）う	うれし涙（なみだ）	クシャクシャニ・スル	
喜色満面（きしょくまんめん）	がっくり(と)スル	肩（かた）を落（お）とす	ぼう然（ぜん）とスル
立（た）ち尽（つ）くす	明暗（めいあん）	風物詩（ふうぶつし）	場面（ばめん）
(プレッシャーを)かける		合間（あいま）	(合間（あいま）を)縫（ぬ）う
(耐（た）え)かねる	ともすれば	両立（りょうりつ）スル	意欲（いよく）
過酷（かこく）ナ・ニ	見事（みごと）ナ・ニ	関門（かんもん）	突破（とっぱ）スル
工学（こうがく）	(工学（こうがく）)部（ぶ）	受（う）かる	思（おも）い切（き）り
羽（はね）を伸（の）ばす	おう歌（か）スル	無気力（むきりょく）ナ・ニ	日々（ひび）
情熱（じょうねつ）	連中（れんちゅう）	(受験（じゅけん）)地獄（じごく）	険（けわ）しい

いばらの道(みち)	くぐり抜(ぬ)ける	実態(じったい)	模索(もさく)スル
民間(みんかん)	主催(しゅさい)スル	インターンシップ	みんながみんな
認識(にんしき)スル	したたかナ・ニ	義務(ぎむ)	実質(じっしつ)
幼稚園(ようちえん)	延々(えんえん)(と)	巻(ま)き込(こ)む	点数(てんすう)
評価(ひょうか)スル	新鮮(しんせん)ナ・ニ	一応(いちおう)	費(つい)やす
無駄(むだ)ナ・ニ	さわやかナ・ニ	数々(かずかず)	いわば
陽光(ようこう)			

固有名詞　フィリピン／ネグロス島(とう)／アジア／住友(すみとも)

大切な表現

～際(さい)ニ	～か～ないかのうちに	～からには
～割(わり)に(は)	～までだ	あまりの～
～につけ	～を抜(ぬ)きに(して)	～を余儀(よぎ)なくする
～ものなら	～に越したことはない	～といったところだ

青春のひとこま

2-03

フィリピンのネグロス島。そこに、人口三万足らずの古い港町Ｅ市がある。私は、昨年開かれたアジア環境学会に出席した際に、そこでたまたま住友君という一人の若いボランティアを紹介された。

二十四歳の誕生日を迎えたばかりだと言っていたから、住友君は、私の息子よりも四つほど若いことになる。突然の出会いで、しかも、父親ほど年の違う人を相手に、初めは少し緊張気味だったが、それでも時間とともに、やがて緊張も解け、Ｅ市で生活をするようになったいきさつを少しずつ話してくれた。

住友君のお母さんは、彼が物心つくかつかないかのうちから塾へ通わせ始めた。「学歴社会で生きていくからにはと、かわいそうだと思いながらも、いやおうなくそうさせたんでしょう」と、住友君は、母親の気持ちはよく理解できたと言う。「心を鬼にして塾へ送り出してくれた」母親を喜ばせてやろうと、一生懸命勉強し、県下でも有数の公立の進学高校に入学。高校では、志望する国立大学を狙って、さらに勉強を続けた。放課後、クラブ活動に熱中したり、バンドを組んで楽しそうにやっている仲間を見て、うらやましいと思ったこともあるけれど、何としても受験戦争を勝ち抜かなければと、頑張った。

しかし、志望校には合格できなかった。高校時代、努力の割には、成績が中の上から上には行かなかった住友君は、「だめなら、もう一年やるまでだ」と、浪人して予備校に通う覚悟が自分の中ではできていた。だから、「あまりショックは受けませんでした。特に悲壮感もなかったですね」と振り返る。息子の番号を見逃してはいないだろうかと合格番号が張られた掲示板をいつまでも食い入るように見ている母親を、逆に励ましたのだそうだ。はた目も構わず友人や両親と抱き合い、うれし涙で顔をクシャクシャにした人や、喜色満面の人。その一方で、ショックを隠し切れず、がっ

春　島　緊　彼　塾　鬼　狙　浪　悟　壮　逃　掲　食　構
抱　喜

くりと肩を落とし、しばしぼう然と立ち尽(つ)くすいくつかの姿。人生の明暗を映すそんな周りの様子も、その時の住友君の目にはテレビが報道する春の風物詩の一場面くらいにしか映らなかったと言う。

予備校通いを始めた住友君は、両親に経済的プレッシャーをかけないように、授業と授業の合間を縫(ぬ)ってアルバイト。あまりの苦しさに耐えかねて、ともすれば「両立は無理か。大学はあきらめて働こうか」と進学への意欲を失いそうになったと言う。それでも、そんな過酷(かこく)な生活に耐え、次の年には見事に関門を突破し、一流大学のシステム工学部に受かった。

しかし、「これを限りに受験勉強から解放される。思い切り羽(はね)を伸ばして、青春(せいしゅん)をおう歌するぞ」という住友君を待っていたのは、無気力としか言いようのない日々を送る学生たちだった。中には、人生に情熱を失って自殺する学生さえいた。そんな連中を見るにつけ、受験地獄(じごく)と呼ばれる、あの険(けわ)しいいばらの道をくぐり抜けてきたのは、こんな世界に来るためだったのだろうかと考えさせられた。大学の実態を目の前にして模索(もさく)を続ける住友君に「あの経験を抜きには、今の自分の事は語れません」と言わせる機会が訪れた。民間ボランティア団体が主催するE市でのインターンシッププログラムに参加したのだ。

フィリピンでのボランティア活動は彼に大きな影響を与えた。住友君がE市で学んだことは、「みんながみんな同じ事をしなくてもいいんだ」ということだったと言う。一人ひとりがそれぞれの役割を担い、その大切さを認識し、したたかに生きていく。「義務教育どころか、実質的には幼稚園(ようちえん)から延々と続く受験地獄に巻き込まれ、他人に、それも点数で評価される生活を余儀なくされている社会」で生きてきた住友君には、新鮮な体験だった。

卒業を控え、一応就職も考えたが、結局、両親とも相談した上で二年間だけという

尽　縫　酷　羽　獄　険　模　索　幼　稚

Reading 青春のひとこま

条件でＥ市に戻ってきた。せっかく一流大学に入学したのにという私の言葉に、「自分が費やしてきたこれまでの時間、決して無駄だったとは思いません」と、さわやかな顔で答える住友君。もちろん、ボランティアで一生生きられるわけではないが、できるものなら、自分で自分のやったことを評価できる今の生活が続けられれば、それに越したことはないと言う。

「ここに来てから、数々の経験をしてきました。でも、今はまだ、地元の人たちに助けてもらいながら、少しずつ自分の生活を築きつつあるといったところですが…」と言う住友君は、「今は、いわば青春のやり直し」と、Ｅ市の陽光に負けないような明るい顔で語ってくれた。

費　駄

答えましょう

次の質問に答えてください。

1 これを書いた人が住友君と会ったのはいつ、どこでですか。
2 住友君の母親はいつから彼を塾へ通わせましたか。どんな気持ちでそうしましたか。
3 母親の気持ちに対して、住友君はどうしましたか。
4 合格発表を見に行った住友君と母親の様子はどうでしたか。
5 住友君の浪人生活はどうでしたか。
6 浪人した結果はどうでしたか。
7 大学で住友君が見たものは何ですか。
8 大学生の住友君は、何を模索し続けたのだと思いますか。
9 フィリピンでのボランティア活動は住友君にどのような影響を与えましたか。簡単にまとめてください。
10 皆さんの国の受験の現状を説明してください。

使いましょう

A 「～際ニ／～際して」という言い方を練習しましょう。

1 ＿＿＿＿＿＿＿＿は次の会議の際に、＿＿＿＿＿＿＿＿。
2 ＿＿＿＿＿＿＿＿はエネルギー問題を考える際に、＿＿＿＿＿＿＿＿。
3 三年前海外旅行をした際に、＿＿＿＿＿＿＿＿。
4 オリンピックを開催するに際して、＿＿＿＿＿＿＿＿。
5 調査の実施に際して、＿＿＿＿＿＿＿＿

B 「～からには」という言い方を練習しましょう。

1 社会人であるからには、当然＿＿＿＿＿＿＿＿。
2 彼がそう言うからには、＿＿＿＿＿＿＿＿に違いありません。

3 一度やろうと決めたからには、＿＿＿＿＿＿＿＿。

4 ＿＿＿＿＿＿＿＿が＿＿＿＿＿＿＿＿からには、＿＿＿＿＿＿＿＿なければなりません。

5 ＿＿＿＿＿＿＿＿からには、＿＿＿＿＿＿＿＿。

C 「～割に(は)」という言い方を練習しましょう。

1 いつも遊んでいる割に(は)、＿＿＿＿＿＿＿＿。

2 話すのが上手な割に(は)、＿＿＿＿＿＿＿＿。

3 ＿＿＿＿＿＿＿＿割に(は)、それに対して無関心な人が多いです。

4 ＿＿＿＿＿＿＿＿が＿＿＿＿＿＿＿＿割に(は)＿＿＿＿＿＿＿＿はよくできています。

5 ＿＿＿＿＿＿＿＿割に(は)＿＿＿＿＿＿＿＿。

D 「～ものなら」という言い方を練習しましょう。

1 できるものなら、＿＿＿＿＿＿＿＿たいです。

2 ＿＿＿＿＿＿＿＿てもらえるものなら、＿＿＿＿＿＿＿＿。

3 ＿＿＿＿＿＿＿＿ずに済むものなら、＿＿＿＿＿＿＿＿。

4 ＿＿＿＿＿＿＿＿ものなら、今すぐにでも＿＿＿＿＿＿＿＿。

5 ＿＿＿＿＿＿＿＿ものなら、＿＿＿＿＿＿＿＿。

グラフに慣れましょう

I　グラフを見て、次の質問に○か×で答えてください。

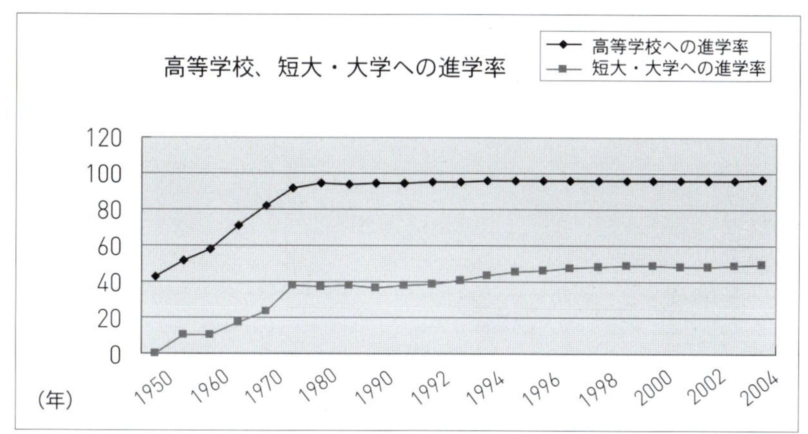

	1950	1955	1960	1965	1970	1975	1980	1985	1990	1991
高等学校への進学率	42.5	51.5	57.5	70.7	82.2	91.9	94.2	93.8	94.4	94.6
短大・大学への進学率	0	10.1	10.3	16.9	23.6	37.7	37.4	37.6	36.3	37.7

1992	1993	1994	1995	1996	1997	1998	1999	2000	2001	2002	2003	2004
95	95.3	95.7	95.8	95.9	95.9	95.9	95.8	95.9	95.8	95.8	96.1	96.3
38.8	40.9	43.3	45.2	46.1	47.3	48.2	49.1	49.1	48.5	48.5	49	49.9

1 （　　）このグラフは、高校と短大・大学などへ進学した人の数を表したものである。
2 （　　）1950 年から 60 年にかけて、60 年から 70 年にかけてはそれぞれ 20% を超える高い伸び率で、高校への進学率が上がっている。
3 （　　）高校への進学率は 1975 年には 9 割を超えた。
4 （　　）高校への進学率は、80 年代から 2004 年までの間に少しずつ低くなっている。
5 （　　）短大・大学等への進学率は、高校の進学率と並行して伸びてきた。
6 （　　）短大・大学等への進学率がもっとも大きく伸びたのは、1950 年から 55 年にかけてである。
7 （　　）短大・大学等への進学率は、80 年代にはあまり伸びていない。
8 （　　）短大・大学等への進学率は、1992 年から少しずつ伸び続けている。

II　グラフから分かることを書いてみましょう。

カメラを持った語り部(かたべ)

新しい言葉

語り部(かたべ)	湖畔(こはん)	岩(いわ)	ひざ
(腰を)下ろす(こし お)	残り雪(のこ ゆき)	反射(はんしゃ)スル	痛める(いた)
サングラス	吸い込む(す こ)	湖面(こめん)	静まり返る(しず かえ)
薄雲(うすぐも)	視線(しせん)	情景(じょうけい)	解け込む(と こ)
ごとく[←ごとし]	微動(びどう)スル	飲み込む(の こ)	
いとおしき[←いとおし]〜		静寂(せいじゃく)	寛容(かんよう)ナ・ニ
発病(はつびょう)スル	(運命)づける(うんめい)	(写真)集(しゃしん しゅう)	圧倒(あっとう)スル
写し出す(うつ だ)	静けさ(しず)	うつむく	(うつむき)加減(かげん)
不平等さ(ふびょうどう)[←不平等(ふびょうどう)ナ・ニ]		のろう	他者(たしゃ)
ありのままニ	モノクロ	半開き(はんびら)	撮影(さつえい)スル
再(確認)(さい にんしき)	確認(かくにん)スル	決断(けつだん)スル	無断(むだん)
良心(りょうしん)	後(のち)ニ	日差し(ひざ)	この世(よ)
去る(さ)	一生(いっしょう)	あまりにも	授ける(さず)
物静か(ものしず)ナ・ニ	載せる(の)	触れる(ふ)	講演(こうえん)スル
来日(らいにち)スル	通訳(つうやく)スル	記す(しる)	即座(そくざ)に
宣告(せんこく)スル	打ちのめす(う)	絶望(ぜつぼう)スル	否(いな)
精一杯(せいいっぱい)ニ	前向き(まえむ)ナ・ニ	尽きる(つ)	レンズ
(レンズ)越し(ご)ニ[←越す(こ)]		なお	容易(ようい)ナ・ニ

招じ入れる	言われなき[←言われなし]〜		憤り[←憤る]
傍ら	ひしひし(と)	十字架	背負う
排他的ナ・ニ	切り捨てる	意義	見据える
勇気	すう高さ[←すう高ナ]		魂
聴衆	問いかけ[←問いかける]		根源
亡き[←亡し]〜	主人公	刻み込む	

固有名詞　ベビー A／ビリー・ハワード

大切な表現

(音)という(音)	〜だに〔〜ない〕	〜ことか
〜きり	〜にしては	〜に当たり
(見る)なり	(自分)なりニ	〜が故ニ
〜(より)ほかない	〜をおいてほかにない	

Reading

カメラを持った語り部

2-04

湖畔の岩に、ひざを抱えて腰を下ろしている男が一人。残り雪の反射に目を痛めないようにであろうか、サングラスをかけている。音という音すべてを吸い込んでしまったような湖面は、辺りの景色を映し静まり返っている。薄雲を通して湖面に映る太陽にじっと視線を向ける男は、周りの情景に解け込んでしまったかのごとく微動だにしない。大自然に飲み込まれた人間の存在の、いかにちっぽけなことか。大自然と一体化した男の姿の、いかにいとおしきことか。

ビリーの写真が語りかけるものは、静寂と寛容。エイズに感染、発病し、死を運命づけられた人たち六十人を写したビリーの写真集を見て、まず私が圧倒されたのは、一枚一枚に写し出された音のない世界。決して、死を待つ人間の静けさではない。ちょっとうつむき加減の目、真正面を見つめた目が、そうでないことを鮮明に物語っている。どの目も与えられた運命の過酷さ、不平等さをのろうことなく、自らの、そして他者の、ありのままを受け入れる、静かで優しい目である。

六十枚のモノクロ写真の中に、目のない写真が一枚ある。写真集の一番初めに出てくるベビー A の写真である。ベッドに横たわる A ちゃんが、苦しげに半開きにした口。そこから上が、写真にない。プライバシーの尊重を何よりも重視したビリーは、どんなに時間がかかろうが、撮影を許可してくれた人たちに出来上がった作品を送り、公表してもよいかどうかを再確認した上で、写真集にした。「自分で決断する能力のないベビー A の顔を、だから、無断で公表することは、私の良心が許さなかった」と、後にビリーは、目のない写真のいきさつを語ってくれた。生まれてから病院の外へ一歩も出ることなく、ベッドに寝たきり、美しく舞う雪の冷たさも、春の日差しの暖かさも知らぬままこの世を去った A ちゃん。「一生」と呼ぶにしてはあまりにも短過ぎた一生。A ちゃんの目は、果たして、生を授けた両

部　湖　畔　岩　吸　雲　寂　寛　平　尊　撮　後　去　授

親をのろった目だったのだろうか。それとも、ほかの五十九人と同じ目だったのだろうか。「この写真が、どれよりも辛い写真だった」と、物静かに語る写真家は、写真集の一番最初にこの作品を載せた理由にも、Aちゃんがどんな目をしていたかということにも、とうとう触れなかった。

写真集の日本での出版に当たり、ビリーが講演会のために来日した。通訳を依頼され彼に初めて会った私は、その目を見るなり「あっ」と思った。ビリーは、自らが写真に撮った人たちと同じ目をしている。その目に出会って、写真集に記された「この仕事を通して人生が変わった」というビリーの言葉が即座に理解できたように思った。

死を宣告された人たちが、打ちのめされ、絶望し、それでも、否、それだからこそ残された時を精一杯大切に生きようと前向きに立ち上がった。何をのろうこともなく、恨むこともなく、すべてを許し、受け入れた。命の営みが尽きる日を宣告された人たちから、レンズ越しにこの写真家が見いだしたものは、人の手ではどうすることもできぬ運命を持った一つ一つの命が、いかにちっぽけなものであるかということであった。また、それでもなお、与えられた道を自分なりに精一杯歩み続ける人の姿が、いかにいとおしきものであるかということでもあった。カメラを持った語り部は、知らず知らずのうちにその人たちと同じ目になっていた。

容易に周りの人たちを寄せつけようとせず、心の内を語ろうとしない彼らが、ビリーを自らの世界に招じ入れ、心を開き、命の記録を撮らせた。彼らが受けている言われなき偏見と差別、そして人権侵害。「憎むべきはエイズであり、エイズと共に生きる人たちではありません」と語る写真家の静かな憤りが、通訳として傍らに立つ私にもひしひしと感じられた。それはビリーの言葉であると同時に、何百万と言われる世界中のエイズという十字架を背負った人たちからの静かなメッセージ

辛　版　記　即　易　偏　憤　傍　負

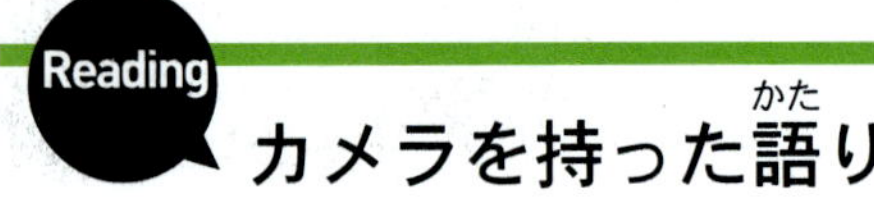

カメラを持った語り部

でもあった。過酷な運命によって、排他的な社会によって、一度切り捨てられたが故に、生きることの意義を真正面から見据えるよりほかなかった人々。それでも、すべてを受け入れ、許し、前向きに精一杯生きる彼らの勇気とすう高さ。それが伝えられるのはビリーをおいてほかにはない、強くそう思いながら、私は通訳を続けた。

ビリー・ハワード。人間を見つめ続け、生を考え続けてきた一人の写真家が、会場に集った人々の魂に語りかけた。HIV 感染、エイズの問題は、いつしか聴衆一人ひとりの命への問いかけとなり、生まれ、生き、そして、死ぬという人間の根源の問題として受け止められた。ビリーの写真が語りかけるものが、そして、今は亡き静寂の世界の主人公たちからのメッセージが、語り部の口を通して会場の人々の心に刻み込まれた。

故　据　魂　聴　衆　刻

答えましょう

次の質問に答えてください。

1 これを書いた人は、湖畔にたたずむ男の写真から、どのようなことを感じましたか。
2 ビリーの写真集にはどんな人々が写されていますか。
3 写真に写された人々はどんな目をしていましたか。
4 ベビー A の写真はどんな写真ですか。
5 ビリーはカメラを通してどんなことを見いだしましたか。
6 ビリーが接した人たちは周りの人たちに対してどのような態度を取っていますか。それはどうしてですか。
7 ビリーが伝えようとしているのはどんなことですか。
8 ビリーのメッセージを人々はどう受け止めましたか。
9 ビリーが写真の人たちと同じ目をしているのはなぜですか。簡単にまとめてください。
10 偏見や差別について、皆さんはどんな考えを持っていますか。それを無くすには、どうすればいいと思いますか。

使いましょう

A 「～きり」という言い方を練習しましょう。

1 彼は＿＿＿＿＿＿＿＿きり、二度と帰ってきませんでした。
2 一か月前に＿＿＿＿＿＿＿＿きり、全く＿＿＿＿＿＿＿＿。
3 ＿＿＿＿＿＿＿＿が、それきり何の連絡もありません。
4 ＿＿＿＿＿＿＿＿のはこれきりにしましょう。
5 ＿＿＿＿＿＿＿＿は＿＿＿＿＿＿＿＿きり、＿＿＿＿＿＿＿＿。

B 「～にしては」という言い方を練習しましょう。

1 A：あの先生、五十歳なんだって。

B：あら、そう。でも五十歳にしては＿＿＿＿＿＿＿＿。

2 A：あの人、料理学校へ行っているんだって。

B：へえ、料理を習っているにしては＿＿＿＿＿＿＿＿。

3 A：今度の講演会、準備に半年もかけたんですって。

B：そう。＿＿＿＿＿＿＿＿にしては＿＿＿＿＿＿＿＿。

4 A：モーリスさん、先月、日本へ来たばかりだそうよ。

B：＿＿＿＿＿＿＿＿にしては＿＿＿＿＿＿＿＿。

5 A：＿＿＿＿＿＿＿＿そうだよ。

B：それにしては＿＿＿＿＿＿＿＿。

C 「～なり」という言い方を練習しましょう。

C-1「～なり」

1 父は家へ帰るなり、＿＿＿＿＿＿＿＿。

2 先生は教室に入るなり、＿＿＿＿＿＿＿＿。

3 彼女は「＿＿＿＿＿＿＿＿」と言うなり、＿＿＿＿＿＿＿＿。

4 ＿＿＿＿＿＿＿＿なり、＿＿＿＿＿＿＿＿。

C-2「～なりの／～なりに」

1 ほかの人にどう思われようと、私は私なりに＿＿＿＿＿＿＿＿。

2 努力したら努力したなりの＿＿＿＿＿＿＿＿。

3 忙しいなら忙しいなりに＿＿＿＿＿＿＿＿。

4 上手にできたとは言えないが、それなりの＿＿＿＿＿＿＿＿。

グラフに慣れましょう

I　グラフを見て、次の質問に○か×で答えてください。

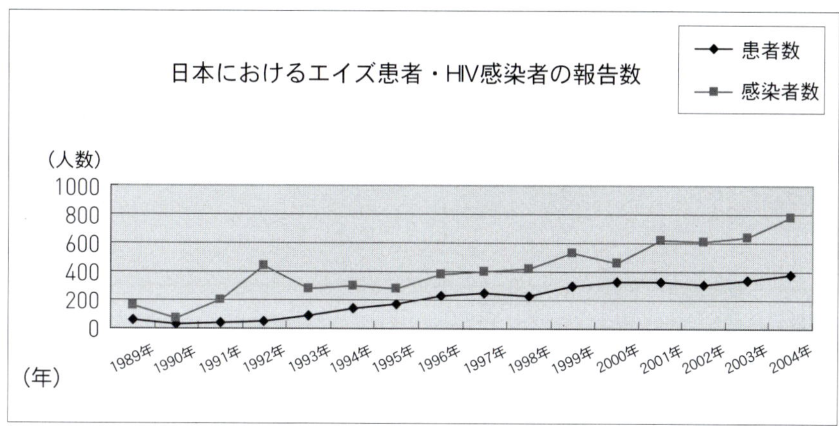

	1989年	1990年	1991年	1992年	1993年	1994年	1995年	1996年
患者数	60	31	38	51	86	136	169	234
感染者数	158	66	200	442	277	298	277	376

1997年	1998年	1999年	2000年	2001年	2002年	2003年	2004年	合計
250	231	301	329	332	308	336	385	3277
397	422	530	462	621	614	640	780	6560

1（　　）このグラフは、日本のエイズ患者と HIV 感染者の報告数をまとめたものである。
2（　　）HIV 感染者の報告数は、1990 年から 92 年までの 2 年間に 3 倍以上になっている。
3（　　）感染者の報告数は、1995年から 99 年まで毎年増え続けている。
4（　　）感染者の報告数が前の年より少なくなったのは、2000 年だけである。
5（　　）2004 年のエイズ患者の報告数はこれまでの最高で、400 人近い。
6（　　）2004 年の患者報告数はもっとも低い年と比べると、10 倍近くなる。
7（　　）患者報告数が前の年と比べてもっとも多くなったのは、2003 年から 4 年にかけてである。
8（　　）患者報告数が前の年より少なくなったことは、これまでに3回ある。

II　グラフから分かることを書いてみましょう。

動物たちの嘆き

新しい言葉

美容院(びよういん)	シャンプースル	カットスル	保険(ほけん)
(一)口(ひとくち)	葬式(そうしき)	前(まえ)もって	購入(こうにゅう)スル
墓(はか)	たかが	ごとき[←ごとし]	ペット
無理(むり)やりニ	枠組(わくぐ)み	得手勝手(えてかって)ナ・ニ	一方的(いっぽうてき)ナ・ニ
愛情(あいじょう)	押(お)し売(う)り	一員(いちいん)	共存(きょうぞん)スル
例(れい)に取(と)る	番犬(ばんけん)	警察犬(けいさつけん)	盲導犬(もうどうけん)
役立(やくだ)つ	権利(けんり)	パートナー	明確(めいかく)ナ・ニ
コンパニオン	アニマル	対等(たいとう)ナ・ニ	食料(しょくりょう)
トラ	ライオン	動物園(どうぶつえん)	サーカス
捕獲(ほかく)スル	かけ離(はな)れる	パターン	強(し)いる
いったん	生存(せいぞん)スル	本能(ほんのう)	術(すべ)
可愛(かわい)がる	近年(きんねん)	繰(く)り広(ひろ)げる	故意(こい)ニ
(手術(しゅじゅつ))台(だい)	メス	雑菌(ざっきん)	冒(おか)す
条件(じょうけん)	特殊(とくしゅ)ナ	繁殖(はんしょく)スル	高(たか)まる
ごう慢(まん)ナ・ニ	神聖(しんせい)ナ	安易(あんい)ナ・ニ	もてあそぶ
訴(うった)える	必要悪(ひつようあく)	食用(しょくよう)	存続(そんぞく)スル
目(め)をつぶる	同様(どうよう)ニ	用(もち)いる	好(この)む
(好(この)ま)ざる	病(やまい)	あえて	逆(さか)らう

残酷(ざんこく)ナ・ニ	論理(ろんり)	軽々(かるがる)しい	糧(かて)
聖(せい)なる〜	葬(ほうむ)る	敬(けい)けんナ・ニ	ささげる
形成(けいせい)スル	かけがえのない	いつくしむ	いとおしむ
尊(とうと)い	原点(げんてん)	立(た)ち返(かえ)る	真(しん)ニ
今一度(いまいちど)			

大切な表現

〜ないでもない	〜は(どう)であれ	〜に変(か)わりはない
〜にしたところで	何(なん)ら〔〜ない〕	〜以外(いがい)の何物(なにもの)でもない
〜あげくニ	〜を限(かぎ)りニ	〜んがためニ
〜ないことには	〜にかかわらず	〜たら〜たで

動物たちの嘆き

2-05

栄養のバランスを十分に考えた食事が終わると、きれいな服を着せて美容院へ。シャンプーとカットの後は、病院で健康診断。病気のことを考えて保険にも一口。亡くなったら友人を集めてお葬式。その後は前もって購入しておいたお墓へ。犬の話である。たかが犬ごときにと、馬鹿馬鹿しく思わないでもないが、ペットブームはここまで来ている。

動物を無理やり人間社会の枠組みに組み込み、得手勝手な、一方的な愛情の押し売りの対象として扱うことに疑問を抱き、社会の一員として受け入れ、共存を図ろうとする動きもある。例えば、犬を例に取れば、これまでのように番犬や警察犬、盲導犬として、人間の生活に役立たせるためだけに飼うのではなく、人間も犬も同じ動物だという立場からその権利を認め、社会生活における役割や楽しみを共有しようという人たちがいる。この人たちは、人間と動物の新しいパートナー関係を明確にするために、「ペット」の代わりに「コンパニオン・アニマル」という言葉を使い、動物と対等な立場で「共存・共生」することを目指している。

牛や馬、豚、鶏などの家畜は、初めは貴重な労働力、食料として飼われた。また、トラやライオンなどの珍しい動物は、動物園やサーカスで人間の目を楽しませる目的で捕獲、飼育された。しかし、理由はどうであれ、どちらの場合も自由を奪われ、人間社会という全く本来の生活環境とはかけ離れた生活パターンの中で生きることを強いられることに変わりはない。そして、いったん人間社会で飼育されると、そのうちに生存するための本能を失い、たとえ野生に戻されたとしてもえさを得る術さえ知らず、ただ死を待つばかりという状況に置かれることになる。ペットやコンパニオン・アニマルにしたところで、何ら事情は変わらない。どんなに可愛がられようが、大切にされようが、人間の側からの一方的な「共存・共生」など、ありがた迷惑以外の何物でもない。

葬　購　墓　馬　鹿　犬　盲　飼　豚　鶏　獲　飼　強　術
迷

近年、世界のあちらこちらで、動物実験の中止を求めて運動が繰り広げられている。モルモット、マウス、うさぎ、犬、猿などが、医療技術進歩の目的で、故意に感染、発病させられ、そのあげく、手術台へ送られメスを入れられる。実験に使われる動物は、雑菌に冒されてはいけないなどの厳しい条件があり、特殊な環境で繁殖、飼育される。こうした動物の扱いに対して批判が高まり、「動物虐待だ」「ごう慢な人間が、神聖な命を安易にもてあそび過ぎている」と、動物実験に反対する人たちは、声を限りに訴える。

その一方では、これは必要悪だという意見も、当然ある。動物を殺して食用にしているではないか。人間という種を存続させんがためにはどうしても目をつぶらざるを得ないことなのだ。同様に、医療技術や、医薬品を新しく開発しても、動物実験を経ないことには、人間に用いるわけにはいかない。好むと好まざるとにかかわらず、人間が病を克服し、少しでも長生きするためには、仕方のないことだ。動物が虐待されるのは見るに忍びないから、新しい医療技術も薬もいらない。病気になったらなったで、あえて運命には逆らわないというのであれば話は別だが、そうでなければ、いくら残酷だからといって動物実験をやめることはできないとする論理である。軽々しくは、反論できない。

かつてヒトは、日々の糧として聖なる命を奪うとき、労働力として生を終えた命を葬るとき、敬けんな祈りをささげた。人間も動物も自然の一部を形成する対等の存在であり、それぞれにかけがえのない命であることを知り、全ての命をいつくしみ、いとおしんだ。これからも、食料として、労働力として、娯楽の目的で、さらには、ペットに、実験用にと、多くの尊い命を犠牲にして生きていくことは間違いない。そうすることなく自らの命を守れない存在であるという原点に立ち返り、ヒトは、動物と真に「共存・共生」するとはどういうことかという問題を、今一度考えてみる必要がある。

猿　菌　冒　殊　殖　聖　訴　続　用　好　病　逆　糧　葬
尊

答えましょう

次の質問に答えてください。

1 ペットブームは今、どのような状況になっていますか。
2 その一方で、どのような動きがありますか。
3 そのような動きは動物側から見ると、どうだと言えますか。
4 人間は動物をどのように利用していますか。
5 人間社会の中で生きることによって、動物はどのように変わってきましたか。
6 動物実験に反対する人たちは、どういう理由で中止を求めていますか。
7 動物実験が必要悪だと言われるのはどうしてですか。
8 かつてはどのような態度で動物と接していましたか。
9 動物と人間とが真に共存するとはどういうことですか。簡単にまとめてください。
10 皆さんは人間が動物を利用することをどう考えますか。

使いましょう

A 「いったん」という言い方を練習しましょう。

1 いったん________てから、一時にロビーに集まってください。
2 このお金はいったん________ておいて、それから使い方を相談しましょう。
3 ________は、いったん________と、簡単にはやめられないものです。
4 いったん________と決めたからには、________。
5 いったん________、________。

B 「～あげく」という言い方を練習しましょう。

1 二十年間も苦労したあげく、________。
2 ________あげく、何も買わずに帰りました。

3 長い間辛い仕事をさせられてきました。そのあげく、______________。

4 彼は友人に裏切られて商売に失敗しました。あげくの果てに______________。

5 ______________あげく、______________。

C 「～ないことには」という言い方を練習しましょう。

1 彼が来ないことには、______________。

2 体が丈夫でないことには、______________。

3 ______________ないことには、この計画は進めることができません。

4 ______________ないことには、何をしても面白くありません。

5 ______________ないことには、______________。

D 「～たら～たで」という言い方を練習しましょう。

1 A：大学合格、おめでとうございます。

B：ありがとうございます。でも、大学に入ったら入ったで、______________。

2 A：雪子さん、約束した時間に来るかしら。

B：まあ、来なかったら来なかったで、______________。

3 A：小林先生、最近よくテレビや新聞に出てるね。

B：そうだね。でも、____________たら____________たで、____________。

4 A：もっと簡単にお金もうけができないかなあ。

B：そう言うけれど、____________たら____________たで、____________。

5 A：今度の______________、心配だなあ。

B：______________たら______________たで、______________。

グラフに慣れましょう

I　グラフを見て、次の質問に○か×で答えてください。

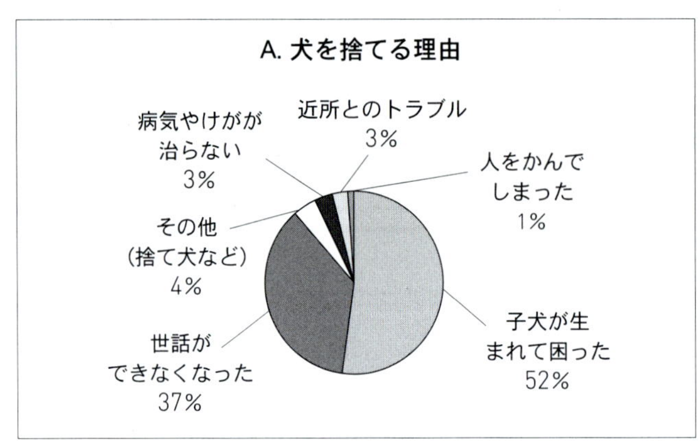

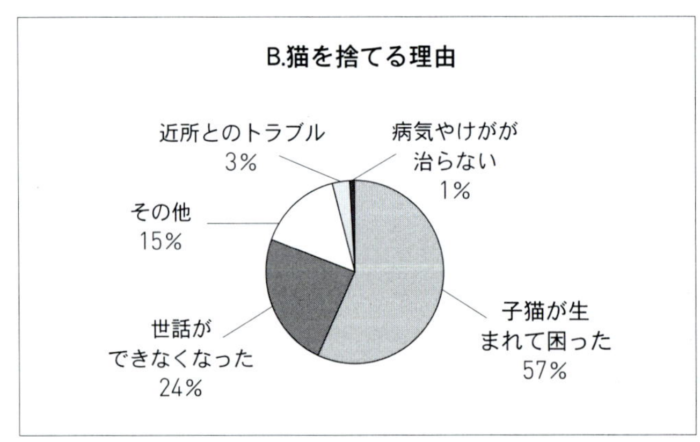

1 （　　）グラフ A、B は、ペットを捨てる理由について尋ねたものである。
2 （　　）犬を捨てる理由でもっとも多かったのは、人をかんでしまったことである。
3 （　　）犬を捨てる理由のその他には理由の分からない捨て犬などのケースが含まれる。
4 （　　）犬を捨てる理由で、世話ができなくなったという答えが半数を占める。
5 （　　）犬を捨てる理由で近所とのトラブルという答えも 3 割に上る。
6 （　　）猫を捨てる理由でもっとも多いのは、子供が生まれて困ったというものだった。
7 （　　）猫を捨てる理由で 3 割以上の人が世話ができなくなったからと答えている。
8 （　　）犬も猫も捨てる理由は子供が生まれて困ったというのがもっとも多かった。

II グラフから分かることを書いてみましょう。

一人ぼっちでプライバシー

新しい言葉

一人ぼっち(ひとり)	見当たる(みあ)	補助(ほじょ)スル	基盤(きばん)
不可欠(ふかけつ)ナ	しょうじ	ふすま	区切る(くぎ)
不可能(ふかのう)ナ	採用(さいよう)スル	素性(すじょう)	(重要)視(じゅうようし)スル
構成(こうせい)スル	病歴(びょうれき)	ありとあらゆる～	そもそも
実情(じつじょう)	確立(かくりつ)スル	身辺(しんぺん)	浸透(しんとう)スル
根づく(ね)	出版(しゅっぱん)スル	(出版)社(しゅっぱんしゃ)	ビジネスマン
集計(しゅうけい)スル	分析(ぶんせき)スル	予想(よそう)スル	もはや
哀れ(あわ)ナ	浮かび上がる(う・あ)	回答(かいとう)スル	散々(さんざん)ナ
追いかけ回す(お・まわ)	父親(ちちおや)	身動き(みうご)スル	ラッシュ
混雑(こんざつ)スル	突き合わせる(つ・あ)	文庫本(ぶんこぼん)	没頭(ぼっとう)スル
辛うじて(かろ)	精々(せいぜい)	風景(ふうけい)	席に着く(せき・つ)
バッグ	人目(ひとめ)	はばかる	ファンデーション
アイライン	ほお紅(べに)	口紅(くちべに)	まゆ
(まゆを)ひそめる	一向に(いっこう)〔～ない〕	入念(にゅうねん)ナ・ニ	仕上げる(しあ)
スーツ	両足(りょうあし)	投げ出す(な・だ)	漫画(まんが)
読みふける(よ)	大(だい)の～	よりによって	人前(ひとまえ)
久しい(ひさ)	透明(とうめい)ナ	一心不乱(いっしんふらん)ナ・ニ	黙々(もくもく)と
ニンマリスル	(お)見合い(みあ)スル	風潮(ふうちょう)	語源(ごげん)

とやかく	保護(ほご)スル	薄(うす)れる	孤立(こりつ)スル
ついに	視点(してん)	引(ひ)きこもり[←引(ひ)きこもる]	
はみ出(だ)す	現象(げんしょう)	表(あらわ)れる	物理的(ぶつりてき)ナ・ニ
(擁護(ようご)を)うたう	必死(ひっし)ナ・ニ		

大切な表現

～であれ、(～であれ)	～が早(はや)いか	～とは
～なくもない	～であっていい(はずがない)	

一人ぼっちでプライバシー

2-06

プライバシーという語に適切な日本語が見当たらないのは、昔の日本にはプライバシーという概念がなかったからだという指摘がある。相互補助を基盤に成り立つ村社会の日常生活には、プライバシーを守るどころか、どこの誰が、いつどうしたといった情報を共有することは必要不可欠なことであった。家の形から考えてみても、しょうじやふすま一枚で区切っただけの部屋とも呼べないような空間で、個人が情報を守って生活することなどとても不可能だった。さらに、雇用にしても、長い間、終身雇用制度を維持するために、採用に当たって個人の素性が重要視され、出身、家族構成、宗教、学歴に始まり、本人はおろか身内の病歴に至るまで、ありとあらゆる情報が求められた。こうした歴史的環境の下では、プライバシーがなかったというよりも、日本にはそもそもプライバシーの育つ土壌がなかったというのが実情だったのである。

しかしながら、戦後、工業国として発展を遂げるにつれて、プライバシーという概念が注目を浴びるようになった。プライバシーを確立するために、個人の空間が大切にされ、プライバシーを侵害しないため、就職時の身辺調査をなくすなど数々の改善も図られてきた。たとえそれが公の場であれ家庭であれ、個人の生活に干渉しないという意識が当たり前のこととして世間一般に浸透し、日本にもプライバシーが根づき始めたと言われる。だが、実態はどうだったのだろうか。高度経済成長時代、ある出版社がビジネスマンのプライバシーに関する調査を行い、特集記事を組んだことがある。その集計結果を分析し、さらに取材を進めると、そこには予想もしなかったような、もはや哀れとしか言いようのないようなサラリーマンの姿が浮かび上がった。回答の多数が「唯一、通勤電車の中で物を読んでいる時間だけが、自分一人の時間」であり、「会社では散々仕事に追いかけ回され、家では父親、

互　盤　欠　素　性　構　浴　善　干　渉　浸　透　析　取
材　哀　答

夫(おっと)としての立場、役割を意識せざるを得ず、そう簡単に一人になれない」というのである。身動きすらできないラッシュ時の混雑の中で、顔と顔を突き合わせ、雑誌や文庫本に没頭(ぼっとう)し、周りの世界から自らを切り離す。そうして、辛(かろ)うじて一人の時間を守っている。これが精々当時のサラリーマンに許された「プライバシー」の実態だったのである。

ところで、その通勤電車の風景が、最近少し変わってきている。席に着くが早いか、傍らに置いたバッグから大きな鏡(かがみ)を取り出し、人目をはばかるふうもなく化粧に精を出す若い女性がいる。ファンデーションから始まり、アイライン、ほお紅(べに)そして口紅、周りにまゆをひそめる人がいても、そんなこと一向に気にせず入念に仕上げていく。その横では、スーツ姿の男性が両足を投げ出して漫画を読みふけっている。「大の大人が漫画(まんが)とは。それも、よりによって人前で…」そんな批判など、聞かれなくなってもう久(ひさ)しい。透明の壁(かべ)に囲まれた自分だけの空間で、一心不乱に読んでいる。そうかと思えば、黙々(もくもく)と、あるいは、少しニンマリしながら携帯電話の画面とお見合いを続ける若者もいる。プライバシーの確立を目指した社会が生み出した、好きなときに好きなことを好きなようにやるといった風潮(ふうちょう)の典型が、この電車の中の光景である。

プライベートの語源は「公的な生活から自分の領域を切り離し、自分の自由にできる領域を作り出す」ことだと言う。そうであるとすれば、プライバシーを守るということは、「自分の領域を守る」ということにほかならない。自分の領域で化粧をしようが、漫画を読もうが、携帯でやり取りをしようが、他人にとやかく言われることはない。確かに、その通りである。しかし、忘れてはならないこと、それは、公的生活あっての私的生活という点である。公的生活を尊重しようという姿勢を見せて初めて、自らのプライバシーも尊重され、保護(ほご)できるのである。他人の生活は自

夫　没　辛　鏡　紅　漫　久　壁　黙　潮　護

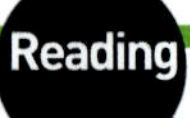

一人ぼっちでプライバシー

分の日常とは関係ないという現在の風潮は、公的生活を尊重するどころか、他者から自らを切り離して生きる、無関心な姿以外の何物でもない。今の日本人は、公的空間と私的空間の区別ができなくなってしまっており、その結果、公的生活と私的生活という意識もすっかり薄れてしまっていると言っても過言ではない。こんな無関心の支配する今の風潮が続けば、一人ひとりが孤立(こりつ)し、ついには、他人とのコミュニケーションができなくなり、社会生活に必要とされる人間関係すら築けなくなってしまうということになる。こうした視点から見直せば、今の「引きこもり」問題などは、決して社会からはみ出した一部の人たちの問題ではなく、人間関係が築けなくなった社会状況が既に根づきつつあり、それが一つの社会現象として表れていると言えなくもないのである。

プライバシーが育たなかった日本社会で、時間的にも物理的にも、今、簡単に自分自身の空間を手に入れることができるようになった。プライバシーの確立、擁護(ようご)がうたわれ続けた結果、それに関する意識もかつてないほど高まってきている。しかしながら、プライバシーの確立が目指したものが、公共生活から自らを切り離し、他人と関わることなく必死でプライバシーを守ろうとする「一人ぼっちの無関心」であっていいはずがない。

孤　　擁

答えましょう

次の質問に答えてください。

1 日本でプライバシーが育たなかったのはどうしてですか。理由を三つ挙げてください。
2 戦後、プライバシーを侵害しないため、家庭や公の場ではどのようなことが行われてきましたか。
3 ある出版社が行ったのはどのようなアンケートですか。
4 その結果浮かび上がったサラリーマンのプライバシーとは、どのようなものですか。
5 最近、電車に乗ると、どのような光景が見られますか。
6 プライバシーの尊重を考えるとき、大切なことは何ですか。
7 どうして社会生活に必要な人間関係が築けなくなるのですか。
8 その結果、どのような問題が出てきましたか。
9 プライバシーの確立が目指したものは何だと思いますか。簡単にまとめてください。
10 どんなとき、プライバシーを侵されたと感じますか。

使いましょう

A 「～であれ、(～であれ)」という言い方を練習しましょう。

1 生活の難しさは________________であれ、________________であれ、あまり変わりません。
2 人間であれ、動物であれ、________________。
3 ________________であれ誰であれ、________________。
4 ________________はたとえ理由が何であれ、________________。
5 ________________であれ、(________________であれ、)________________。

B 「～としか言いようがない」という言い方を練習しましょう。

1 A:あの人は、またお金を借りて、新しい商売を始めたそうですよ。
B:またですか。________________としか言いようがありませんね。

2 この患者の状態はかなり悪いです。もはや＿＿＿＿＿＿＿＿としか言いようがありません。

3 A:そもそも彼女とうまく行かなくなった原因は何ですか。

B:さあ、初めから＿＿＿＿＿＿＿＿としか言いようがありませんね。

4 現在の学校教育は、＿＿＿＿＿＿＿＿としか言いようがありません。

5 ＿＿＿＿＿＿＿＿については、＿＿＿＿＿＿＿＿としか言いようがありません。

C 「散々ナ」という言い方を練習しましょう。

1 どうしようかと散々悩んだあげく、＿＿＿＿＿＿＿＿。

2 全員で散々話し合った結果、＿＿＿＿＿＿＿＿。

3 普段散々遊んでおいて、＿＿＿＿＿＿＿＿。

4 昨日は散々＿＿＿＿＿＿＿＿ので、＿＿＿＿＿＿＿＿。

5 ＿＿＿＿＿＿＿＿は散々＿＿＿＿＿＿＿＿、＿＿＿＿＿＿＿＿。

D 「精々」という言い方を練習しましょう。

D-1

1 私が彼にしてあげられることは、精々＿＿＿＿＿＿＿＿。

2 日本語が上手になったと言っても、精々＿＿＿＿＿＿＿＿。

3 いくら努力しても、精々＿＿＿＿＿＿＿＿。

4 ＿＿＿＿＿＿＿＿は精々＿＿＿＿＿＿＿＿。

D-2

1 このような機会はそんなにないので、精々＿＿＿＿＿＿＿＿。

2 来週から忙しくなるので、精々＿＿＿＿＿＿＿＿。

3 ＿＿＿＿＿＿＿＿ので、精々サービスさせていただきます。

4 ＿＿＿＿＿＿＿＿、若いうちに精々やりたいことをやっておきなさい。

 グラフに慣れましょう

I グラフを見て、次の質問に○か×で答えてください。

電車やバスの中などの他人の行動に関する意識調査の結果

	たいへん気になる	少し気になる	あまり気にならない	全く気にならない	わからない	気になる(計) (%)
並ばないで横から乗ろうとする人	71.1	21.5	4.2	0.8	2.5	92.5
子供が騒いでいてもしからない親	67.7	24.8	4.4	0.6	2.4	92.5
酒を飲んだ人	59.5	29.1	8.0	1.1	2.3	88.6
お年寄りの席に座って譲らない若者	54.9	33.4	7.5	1.1	3.0	88.3
携帯電話で話している人	41.7	40.0	13.4	1.7	3.2	81.7
機械から漏れるほどの音で音楽を聞いている人	36.1	37.8	18.9	3.0	4.2	73.9
お化粧をしている人	31.5	34.5	25.2	5.4	3.4	66.0
性的な記事・写真の載った新聞・雑誌を見ている人	25.2	39.9	25.0	6.5	3.3	65.1
ものを食べている人	24.8	39.7	26.9	5.8	2.9	64.4
パソコンなどを使っている人	14.7	29.0	37.5	9.2	9.5	43.7
背中にかばんを背負ったままの人	8.8	29.0	43.2	16.2	2.8	37.8
漫画雑誌を読んでいる大人	4.4	16.3	47.7	28.9	2.7	20.7

1 (　　) このグラフは、電車やバスの中で人々がどんな行動を取っているか調べたものである。

2 (　　) 「たいへん気になる」「少し気になる」を合わせて、「気になる」という答えがもっとも多かったのは、「携帯電話で話している人」である。

3 (　　) 「たいへん気になる」という答えがもっとも多かったのは「並ばないで横から乗ろうとする人」である。

4 (　　) 「少し気になる」という答えがもっとも多かったのは、「子供が騒いでいてもしからない親」である。

5 (　　) 「お化粧をしている人」については、全体の三人に二人が「気になる」と答えている。

6 (　　) 「ものを食べている人」については、「気にならない」という答えが「気になる」という答えを上回っている。

7 (　　) 「パソコンなどを使っている人」については、「気にならない」という答えが「気になる」という答えを上回っている。

8 (　　) 「漫画雑誌を読んでいる大人」について「気になる」と答えたのは、約2割である。

II グラフから分かることを書いてみましょう。

____

____

____

おばあちゃんのたんす

新しい言葉

おばあちゃん	(おばあちゃん)子(こ)	もったいない	ばち
口(くち)まね	(お姉(ねえ)さん)気取(きど)り[←気取(きど)る]		おませナ
中元(ちゅうげん)	歳暮(せいぼ)	ひも	包装(ほうそう)スル
(包装(ほうそう))紙(し)	しまい込(こ)む	呼(よ)び習(なら)わす	生産(せいさん)スル
厳選(げんせん)スル	材質(ざいしつ)	施(ほどこ)す	巧(たく)みナ・ニ
細工(さいく)スル	精魂(せいこん)	プロ	引(ひ)けを取(と)る
誇(ほこ)り[←誇(ほこ)る]	愛着(あいちゃく)	傷(きず)	折(お)りに触(ふ)れ
まつわる	処分(しょぶん)スル	嫁(よめ)	そこら
見(み)てくれ	まがい物(もの)	なでる	折(お)れる
復興(ふっこう)スル	潤沢(じゅんたく)ナ・ニ	安価(あんか)ナ	見栄(みば)え
利潤(りじゅん)	追求(ついきゅう)スル	回転(かいてん)スル	量産(りょうさん)スル
工程(こうてい)	手間(てま)	丹念(たんねん)ナ・ニ	コスト
向上(こうじょう)スル	体制(たいせい)	取(と)り残(のこ)す	画一(かくいつ)
程遠(ほどとお)い	見(み)かけ倒(だお)し	代物(しろもの)	到底(とうてい)〔〜ない〕
手(て)に入(はい)る	双方(そうほう)	語(かた)り継(つ)ぐ	粗大(そだい)ゴミ
いとも	使(つか)い捨(す)て[←使(つか)い捨(す)てる]		食生活(しょくせいかつ)
しわ寄(よ)せ	まともナ・ニ	養殖(ようしょく)スル	ハウス
冷凍(れいとう)スル	著(いちじる)しい	ファミリーレストラン	

(地方)色	スイカ	山菜	出回る
手ごろナ	食卓	(食卓に)上る	腐る
タイ	遠のく	庶民	申し分ない
手塩にかける	名物	素材	本場
選択肢	食べ残す	賞味スル	期限
食品	びくともしない	現役	手元

大切な表現

～にかけては	～べくもない	～が最後
(作る)だけ(作る)		

おばあちゃんのたんす

2-07

妹ができてすっかりおばあちゃん子になってしまった私は、いつのまにか「もったいない。ばちが当たるよ」とおばあちゃんの口まねをするようになっていた。二人目の妹ができてからは、もうすっかりお姉さん気取りで、「もったいない。ばちが当たるよ」と、食べ物を残したすぐ下の妹におませな口を利いていた。「お母さん、これもったいないから」と言って、お中元やお歳暮が開けられた後のひもや包装紙をおばあちゃんの所へ持っていったりもした。祖母は「無駄にすると、ばちが当たるからね」と言いながら、それを丁寧にたんすにしまい込んだ。

「おばあちゃんの」と呼び習わした古いたんすの前に座って、祖母はたんすの話をすることがあった。どこで生産されたか、どれほど厳選されたすばらしい材質であるか、そして、施された巧みな細工がいかに精魂込めた職人の技であるかということ。まるで自分が熟練したプロのたんす職人ででもあるかのように話した。この道にかけては誰にも引けは取らぬという職人の誇りと少しでも長く使ってもらいたいという心意気が、たんすを通して祖母に語りかけ、愛着を持たせた。「これは、お父さんが子供のころいたずらして、ナイフでつけた傷」と、折りに触れ、たんすにまつわるエピソードを語ってくれたりもした。

「いい機会だから、この際処分したら」引越しを前に、父が遠慮がちに口に出したことがある。「そんなもったいないことをしたらばちが当たる」と、祖母は珍しく大きな声を出した。そして「これは、私がお嫁に来るときに持ってきた物で...」と、幼かった私に繰り返し聞かせたたんす物語が始まる。「ね、まだ少しの狂いもないでしょう」と何度も引き出しを開け閉めして見せながら、「そこらで売ってる、見てくれだけのまがい物とは、物が違うんだから」と、いとおしそうにたんすをなでる。こうなると、さすがの父も折れるしかなかった。

利　歳　暮　施　巧　熟　折　嫁

戦後の日本は、奇跡的な経済復興を遂げ、国中、物があふれるほど潤沢になった。大量消費社会では、消費者側は「質より量」を求め、昔ながらの手作りの良さには目を向けようとしなかった。生産者側もそれに応えるため、安価で見栄えの良い物を大量に生産してきた。利潤を追求し、商品を少しでも早く回転させるために、量産制度の開発に力を注いだ。一つ一つの工程に手間をかけ、丹念に物を作り上げていく伝統的な「職人の技」は、コストがかかり過ぎ、生産性の向上につながらないため、量産体制からは取り残されていった。

大量生産で生み出された商品は、量産体制に乗せるために画一化され製造された物であり、長年にわたって磨き抜かれた職人の技を駆使して作り出された物とは比べるべくもない。本物とは程遠い、見かけ倒しの代物ばかりである。「おばあちゃんのたんす」と愛着を込めて呼び、大切に扱う家具など、今の時代、特別に注文でもしない限り、到底手に入らない。商品の画一化が進むにつれて、作る方、使う方、双方の愛情も薄れ、物が語りかけることもなければ、物を前に何かを語り継ぐということもない。大量に生産された「まがい物」は、不要になったり使えなくなったが最後、粗大ゴミとしていとも簡単に捨てられてしまう。大量消費・画一化社会は、大量廃棄に痛みを感じることのない使い捨て社会へのプロセスでもあった。

我々は、食生活においても、この「まがい物」大量消費社会のしわ寄せをまともに受けている。養殖やハウス栽培の技術、あるいは、冷凍技術の著しい進歩のおかげで、スーパーに行けばいつでも、どんな物でも安い値段で手に入る。ファミリーレストランでは、日本どころか、世界中の料理を楽しむことができる。そして、食べ物から季節感や地方色が消えた。出始めたスイカを前に「もう、夏だな」と季節を思い、届いた山菜を口に、雪深い生産地を語ることもない。養殖物の魚が大量に市

興　沢　栄　求　丹　磨　程　代　到　双　継　粗　凍　著
値

場に出回り、手ごろな値段で食卓に上る。『腐(くさ)ってもタイ』などという言い方など、もう今の世代には通じない。天然物はますます遠のき、庶民(しょみん)が味わえるような物ではなくなってしまった。姿、形、色も申し分ないが、トマトやきゅうりはトマトやきゅうりの味がしない。生産者が手塩(てしお)にかけて栽培した「本物」は目の玉が飛び出るほどの値段がする。日本各地の名物料理も、世界の味も、まがい物の素材では本場の味には程遠い。一般消費者の選択肢(せんたくし)から「本物」が姿を消してしまったのである。それればかりか、毎日食べ残され、賞味期限を理由に当たり前のように廃棄される食品の量は、それこそ計り知れない。

「おばあちゃんのたんす」は、いまだにびくともしない現役で、私の手元にある。「もったいないから。ばちが当たるから」の口まねが、すっかり自分の口癖になってしまった私が受け継いだのである。たくさんのまがい物を作るだけ作って、品物や食料の大量廃棄を続ける私たちにどんな「ばち」が当たるのだろうか。「おばあちゃんのたんす」は見つめている。

腐　庶　塩　肢

答えましょう

次の質問に答えてください。

1 どうしておばあちゃんの口まねをするようになったのですか。
2 おばあちゃんは古いたんすにどうして愛着を持っているのですか。
3 大量消費社会となり、消費者や生産者はどう変わりましたか。
4 その結果、取り残されていったのは何ですか。なぜそうなったのですか。
5 使い捨て社会が生み出されたのは、どうしてですか。
6 どうして使い捨てされるのですか。
7 大量消費社会のしわ寄せは、具体的にはどのようなことに表れていますか。
8 一般消費者の選択肢から「本物」が姿を消してしまったのはどうしてですか。
9「おばあちゃんのたんす」は、何を象徴していると思いますか。簡単にまとめてください。
10 皆さんが大切にしている物は何ですか。それはなぜですか。

使いましょう

A 「～にかけては」という言い方を練習しましょう。

1 彼は普段、何でも遅いのに、________にかけては誰よりも速いです。
2 ________に関する情報にかけては、この本が一番だろうと思います。
3 私は何もできませんが、________にかけては、誰にも負けません。
4 良いレストランを見つけることにかけては、________。
5 ________にかけては、________。

B 「到底～〔～ない〕」という言い方を練習しましょう。

1 彼が事件を起こすなんて、到底＿＿＿＿＿＿＿＿。

2 いくら頑張っても、到底＿＿＿＿＿＿＿＿だろうと思います。

3 ＿＿＿＿＿＿＿＿は、到底無理だと思います。

4 こんな＿＿＿＿＿＿＿＿は、到底＿＿＿＿＿＿＿＿。

5 ＿＿＿＿＿＿＿＿も、到底＿＿＿＿＿＿＿＿

C 「～が最後」という言い方を練習しましょう。

1 一度＿＿＿＿＿＿＿＿が最後、決して＿＿＿＿＿＿＿＿。

2 ＿＿＿＿＿＿＿＿を始めたが最後、彼は＿＿＿＿＿＿＿＿。

3 ＿＿＿＿＿＿＿＿が最後、容易には変わりません。

4 ＿＿＿＿＿＿＿＿は＿＿＿＿＿＿＿＿が最後、それまでです。

5 ＿＿＿＿＿＿＿＿が最後、＿＿＿＿＿＿＿＿。

D 「～だけ(は)～」という言い方を練習しましょう。

1 買うだけは買ってみたものの、結局＿＿＿＿＿＿＿＿は、＿＿＿＿＿＿＿＿。

2 あの人の話は＿＿＿＿＿＿＿＿が、聞くだけは聞いておきましょう。

3 A：先生が勧めてくださった本を読んでみましたか。

B：ええ、一応最後まで＿＿＿＿＿＿＿＿のですが、＿＿＿＿＿＿＿＿。

4 A：試験はどうでしたか。

B：自信はありませんが、＿＿＿＿＿＿＿＿ので＿＿＿＿＿＿＿＿。

5 ＿＿＿＿＿＿＿＿だけは＿＿＿＿＿＿＿＿てみましたが、＿＿＿＿＿＿＿＿。

グラフに慣れましょう

I グラフを見て、次の質問に○か×で答えてください。

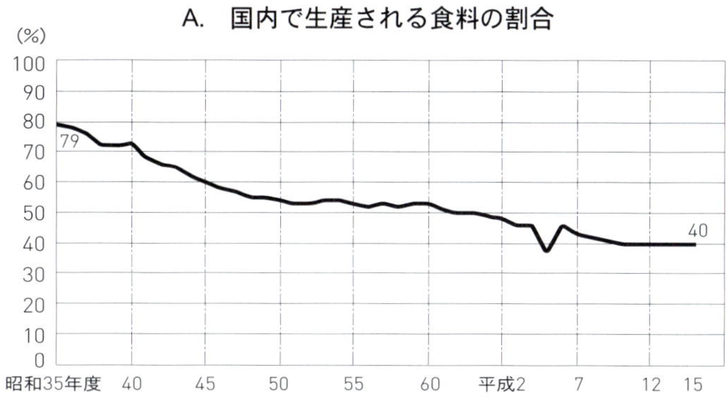

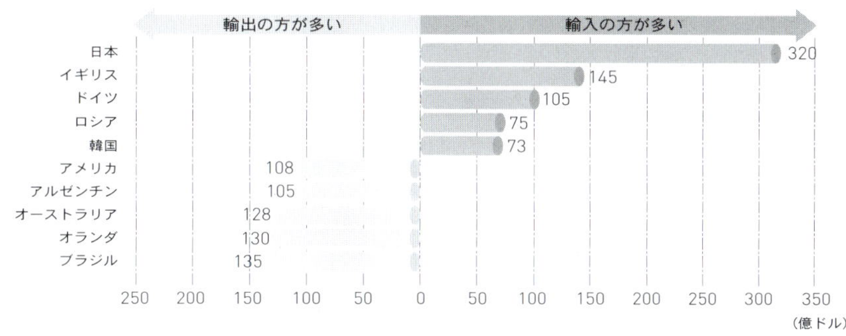

1 (　　) グラフ A は一年に国内で消費される食料の量を表したものである。
2 (　　) 昭和 35 年と比べると、平成 15 年には国内で生産される食料の割合が約半分になった。
3 (　　) 平成 15 年の国内で生産される食料の割合はこれまでの最低である。
4 (　　) グラフ B は各国の農産物の輸入と輸出を比べて、どちらが多いかをまとめたものである。
5 (　　) 日本は農産物の輸出が輸入を大きく上回っている。
6 (　　) 輸出が輸入をもっとも大きく上回っているのはブラジルである。
7 (　　) 日本の輸入はイギリスの約 3 倍である。
8 (　　) 輸出の方が多い国の中で、もっとも輸出が少ないのはアメリカである。

II グラフから分かることを書いてみましょう。

ミエと指輪と夜光虫（やこうちゅう）

新しい言葉

夜光虫（やこうちゅう）	教え子（おしえご）	(一)通（いっつう）	筆跡（ひっせき）
近況（きんきょう）	担任（たんにん）スル	日中（にっちゅう）	名所（めいしょ）
旧跡（きゅうせき）	民宿（みんしゅく）	心尽くし（こころづくし）	一段落（いちだんらく）スル
面白（おもしろ）おかしい	聴き取る（ききとる）	話術（わじゅつ）	見て取る（みてとる）
すかさず	突堤（とってい）	飽きる（あきる）	一様（いちよう）ニ
けげんナ	百聞は一見にしかず（ひゃくぶん／いっけん）		促す（うながす）
テトラポッド	伝う（つたう）	水中（すいちゅう）	それ(っ)
勢いよく（いきおいよく）	はね上げる（あげる）	出現（しゅつげん）スル	乱舞（らんぶ）スル
わあ(っ)	歓声（かんせい）	ひとしきり	暗がり（くらがり）
パチャパチャ	水音（みずおと）	悲鳴（ひめい）	合奏（がっそう）スル
陣取る（じんどる）	夜釣り（よづり）	先客（せんきゃく）	迷惑（めいわく）ナ・スル
戯れる（たわむれる）	きらめき[←きらめく]		目を奪う（めをうばう）
好事魔多し（こうじまおおし）	人一倍（ひといちばい）	張り上げる（はりあげる）	ぽつり(と)
泣き虫（なきむし）	甘えん坊（あまえんぼう）	婚約（こんやく）スル	贈る（おくる）
ホームシック	紛らす（まぎらす）	公言（こうげん）スル	よりどころ
擦り抜ける（すりぬける）	手立て（てだて）	手持ちぶさた（てもちぶさた）ナ・ニ	遠巻き（とおまき）
うずめる	肩（かた）	震わす（ふるわす）	もとより
気休め（きやすめ）	釣り客（つりきゃく）	懐中電灯（かいちゅうでんとう）	三々五々（さんさんごご）

ライト	照(て)らす	差(さ)し出(だ)す	翌朝(よくあさ)
覚(さ)ます	宿(やど)	もぬけの殻(から)	玄関(げんかん)
朝日(あさひ)	(〜を)背(せ)にする	一団(いちだん)	申(もう)し合(あ)わせる
たくし上(あ)げる	ぶら下(さ)げる	別人(べつじん)	先頭(せんとう)
白(しら)む	不首尾(ふしゅび)	クラスメート	かがめる
(国際(こくさい))うんぬん	催(もよお)し[←催(もよお)す]	頻繁(ひんぱん)ナ・ニ	ばく大(だい)ナ
イベント	シンポジウム	肌(はだ)	どうも
素直(すなお)ナ・ニ	やや	冷(ひ)ややかナ・ニ	一連(いちれん)の〜
騒動(そうどう)	移(うつ)す	分(わ)かち合(あ)う	(出発(しゅっぱつ))点(てん)
取(と)り持(も)つ	友情(ゆうじょう)	宿(やど)す	揺(ゆ)られる
交換(こうかん)スル	よみがえる		

固有名詞 瀬戸内海(せとないかい)／陳美恵(ちんみえ)

 大切な表現

〜やら	〜弾(はず)みニ	〜どころではない
〜といって〔〜ない〕	〜でなくて何(なん)だろう	〜なくして〔〜ない〕

ミエと指輪と夜光虫

2-08

かつての教え子、ミエから一通の手紙が届いた。懐かしい筆跡で近況が記された後に、「結婚することになったのですが、出席していただけませんか」と、ミエらしく遠慮がちな文が短く添えられていた。

もう数年前のことだが、担任する留学生十人ばかりと瀬戸内海の島へ一泊二日の旅に出たことがある。日中は、島の名所・旧跡を訪ね、夜は地元の民宿でお世話になった。そこの主人がとても面白い人で、心尽くしの料理が一段落すると、都会生活が嫌でサラリーマンを辞め民宿を始めたことなど、面白おかしく話してくれた。学生には、島の言葉が少し聴き取りづらかったかもしれないが、それでも巧みな話術にしばらくは時を忘れた。学生たちがちょっと疲れてきたかなと見て取ると、すかさず、「突堤へ行ってみ、今の季節、夜光虫がきれいやで」と、あくまでも主人はお客を飽きさせない。

「ヤコーチュー」、学生たちは一様に「それ、何」とけげんな顔をする。「百聞は一見にしかず」とばかりに、私は立ち上がり、みんなを促して夜の海へ向かった。突堤に着くと、テトラポッドを伝って、水に手が届く所までたどり着いた。一体「ヤコーチュー」はどこから出てくるのやらと、周りに学生たちが集まって来たところで、私は両手をそっと水中に入れ、それっと勢いよく水をはね上げた。夜の海に突然出現した光の乱舞に、「わあっ」と大歓声。その後は、ひとしきりテトラポッドの暗がりのそこここで、パチャパチャ、パチャパチャという水音と悲鳴に似た歓声の大合奏が続いた。突堤に陣取って夜釣りを楽しむ先客にとっては大迷惑。が、どこからも苦情が出なかったのは、テトラポッドの暗がりから聞こえてくるのが、耳慣れない言葉だったせいかもしれない。

水と戯れ、夜光虫のきらめきに目を奪われているうちに、「好事魔多し」を絵に描

夜　虫　瀬　島　泊　辞　聴　飽　促　勢　鳴　合　奏　陣　戯　魔

いたような事件が起こった。人一倍大声を張り上げていたミエが、突然声を出さなくなったかと思うと、「指輪がなくなった」とぽつり一言。泣き虫で甘えん坊のミエは、国にいる婚約者が贈ってくれた指輪が、いつもホームシックの寂しさを紛らしてくれていると公言していた。その大切な心のよりどころが、どうした弾みにかミエの指を擦り抜け夜の海に姿を消してしまったのだ。

指輪の話を何度も聞かされていた学生たちは、もう夜光虫どころではなくなった。とはいえ、これといって手立てを思いつくわけでもなく、しばらくは手持ちぶさたにミエを遠巻きにしてたたずんでいるばかり。それでも、両ひざに顔をうずめて肩を震わすミエの姿に促されるように、手探りで指輪探しを始めた。もとより、夜の海に沈んだ指輪が見つかるはずもなく、ミエに対する、そして、ミエに何もしてやれない自分自身に対する学生たちの気休めに過ぎなかった。

学生の一人が近くにいた釣り客に懐中電灯を貸して欲しいと頼んだことがきっかけになって、釣り客たちが三々五々集まって来た。突堤の上と下とのやり取りがしばらく続いて事情が分かると、ライトでテトラポッドの暗がりを照らしてくれたり、「これ、使い」と懐中電灯を差し出してくれたりした。突堤を下り「どの辺でなくしたんや」と学生と一緒に指輪探しをしてくれる人もいた。しかし、指輪は出てこなかった。

翌朝、目を覚ますと、驚いたことに宿はもぬけの殻。どこへ行ったんだろうと、とりあえず玄関まで出てみる。すると、朝日を背にした一団が、申し合わせたようにズボンをひざまでたくし上げ、両手に靴やサンダルをぶら下げてこちらに向かってくる。どの顔も朝の日差しに輝いている。ミエなどは昨夜とは別人のような笑顔をしている。先頭に立つ民宿の主人が、「困ったときはお互い様や」と学生を連れて突堤に向かったいきさつを話してくれた。昨夜、宿に戻ってからも泣き続けるミエ

虫　甘　贈　紛　擦　探　探　懐　灯　翌　宿　殻

ミエと指輪と夜光虫

を見るに見かねて、空が白み始めるや否や、学生みんなを起こして突堤に向かったのだという。指輪探しは不首尾に終わったということだが、指輪をなくした悲しみを自分の事として受け止めてくれたクラスメートや宿の主人の気持ちが、そして、腰をかがめながらテトラポッドの間を隅々まで探してくれた仲間の姿が、どうやらミエの心を晴らしてくれたようだ。

国際うんぬんという催しが頻繁に開かれている。日本を国際化するために、日本人が国際人になれるようにと、ばく大な時間とお金が費やされてきた。様々なイベントやセミナー、シンポジウムなどで「国際」が語られてきた。国境に阻まれることなく、地球上に存在する人種、文化、肌の色、宗教等、多くの「違い」に妨げられることなく、「国境」を乗り越え、「違い」を認め合おう。私には、そのような形で提唱される国際うんぬんがどうも素直には受け入れられなかった。「そう簡単にできる事じゃない」と、職業柄そうあってはいけないのだが、やや冷ややかな態度で、「国際化」や「国際理解」など一連の動きを眺めていた。しかし、指輪騒動以来、私は考えが変わった。たまたまそこにいた釣り客たち、指輪探しの先頭に立ってくれた民宿の主人、そして、ミエのクラスメートたち。みんな、いとも簡単に「困ったときはお互い様」と、当然の事として人の悲しみを共有し、今できることを行動に移した。そして、それがミエの悲しみを晴らした。「違い」はあっても、楽しいときは楽しいし、悲しい事は誰だって悲しい。同じ人間として、楽しいとき、うれしいときには喜びを、苦しいとき、悲しいときには痛みを率直に分かち合う。これこそが国際化、国際理解の出発点でなくて何だろう。「みんな同じなんだ」という思いなくして、国際化も国際理解も始まらない。夜光虫の海で指輪が取り持った人間関係が、私に、はっきりそう教えてくれた。

玄　首　尾　催　頻　肌　妨　冷　騒　率

ミエ、陳美恵（ちんみえ）さんが結婚するという。指輪探しの仲間たちには知らせたのだろうか。あの夜の指輪は、今も、友情の光を宿しながら夜光虫の海で波に揺られているのだろうか。私は出席してやれないけれども、結婚式で指輪を交換（こうかん）するとき、ミエの頭の中には夜光虫にきらめく夜の海と明るい朝の日差しを浴びた暖かいみんなの笑顔が、きっとよみがえってくるに違いない。

陳　美　換

答えましょう

次の質問に答えてください。

1 数年前、旅行先でどんな事件が起こりましたか。
2 ミエにとって指輪はどんな物でしたか。
3 周りにいた学生や釣り客たちはどうしましたか。
4 翌朝、宿の玄関でどのような光景を目にしましたか。
5 ミエが「別人のような顔をしていた」のはどうしてですか。
6 一般に「国際化」とはどのようなものだと考えられていますか。
7 これに対して、「私」はどう考えていましたか。
8「私」にとってミエの指輪騒動はどんな意味がありましたか。
9 一般に言われる「国際化」と、「私」の考える「国際化」とは、どう違いますか。簡単にまとめてください。
10 皆さんは自分が外国人だと強く意識するのはどんなときですか。それはどうしてですか。

使いましょう

A「〜弾みニ」という言い方を練習しましょう。

1 ころんだ弾みに、＿＿＿＿＿＿＿＿。
2 後ろから肩をたたかれた弾みに、＿＿＿＿＿＿＿＿。
3 何かの弾みに、＿＿＿＿＿＿＿＿。
4 ＿＿＿＿＿＿＿＿が弾みとなって、＿＿＿＿＿＿＿＿がどんどん大きくなっていきました。
5 ＿＿＿＿＿＿＿＿弾みに、＿＿＿＿＿＿＿＿。

B「〜どころではない」という言い方を練習しましょう。

1 A：今度の日曜日、映画でもどう。
B：すみません。＿＿＿＿＿＿＿＿ので、＿＿＿＿＿＿＿＿どころではないんです。

2 A:今日もお仕事ですか。

B:ええ、＿＿＿＿＿＿ものでで、＿＿＿＿＿＿どころじゃないんですよ。

3 A:旅行は楽しかった？

B:それどころじゃなかったんですよ。＿＿＿＿＿＿。

4 A:冬の北海道は楽しかったでしょ。

B:いやあ、＿＿＿＿＿＿どころの話じゃないですよ。＿＿＿＿＿＿。

5 A:＿＿＿＿＿＿＿＿＿＿。

B:＿＿＿＿＿＿どころではありませんよ。＿＿＿＿＿＿。

C 「〜といって〔〜ない〕」という言い方を練習しましょう。

1 これといってアイディアも出ないまま、＿＿＿＿＿＿。

2 多くの人に会ったけれど、誰といって＿＿＿＿＿＿。

3 この品物は、＿＿＿＿＿＿割には、どこといって＿＿＿＿＿＿。

4 毎日忙しいので、いつといって特に＿＿＿＿＿＿。

5 この計画は、何がどうといって＿＿＿＿＿＿。

D 「〜でなくて何だろう」という言い方を練習しましょう。

1 公の場で個人の生活について言いたくないことまでいろいろ尋ねられた。これが＿＿＿＿＿＿でなくて何だろうと考えさせられました。

2 この間亡くなったＡさんは、ほとんど休みを取ることなく働いていたそうです。これが＿＿＿＿＿＿でなくて何でしょう。

3 ＿＿＿＿＿＿。これが差別でなくて何だろうと、強くそう思いました。

4 ＿＿＿＿＿＿。一体、これが動物虐待でなくて何だろうと憤りを感じます。

5 ＿＿＿＿＿＿。これが＿＿＿＿＿＿でなくて何だと言うのでしょう。

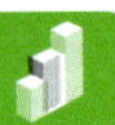

グラフに慣れましょう

I　グラフを見て、次の質問に○か×で答えてください。

A. 留学生の数（各年5月1日現在）

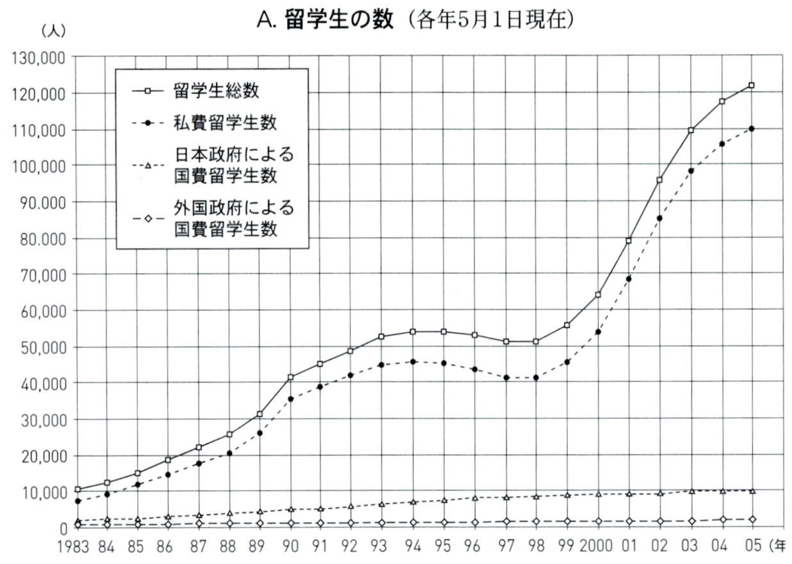

B. 留学生の出身国

1. 中国	2. 韓国	3. 台湾	4. マレーシア	5. ベトナム
80,592 人	15,606 人	4,134 人	2,114 人	1,745 人

1 (　　) このグラフは日本に来る留学生の数を表したものである。
2 (　　) 数の上でもっとも大きな変化があるのは、個人の費用で来日する学生の数である。
3 (　　) 留学生の数が著しく変化するのは、1990 年代に入ってからである。
4 (　　) 1983 年から 89 年までの 6 年間に留学生の数は約 3 倍になった。
5 (　　) 2000 年から後は、留学生の数が毎年一万人以上増え続けている。
6 (　　) 日本政府の費用で来日する学生の数は、2000 年代に大幅に増えている。
7 (　　) 日本政府の費用で来日する学生は、個人の費用で来日する学生の 1 割以下である。
8 (　　) 外国政府の費用で来日する学生は、日本政府の費用で来日する学生の約 4 分の 1 である。

II　グラフから分かることを書いてみましょう。

索引

- 本文の「新しい言葉」および「大切な表現」があいうえお順に並べられています。
- 「1 本」は第 1 課の「本文」を、「1 表」は第 1 課の「大切な表現」を表しています。
- 「大切な表現」を調べるときは、～印の次のひらがなで調べてください。
  例：「～て初めて」→「て」
  「～もさることながら」→「も」
- 「新しい言葉」、「大切な表現」の横の「使 A」は、「使いましょう A」を表しています。

索引

う

え

お

索引

き

索引

く

け

こ

索引

し

索引

す

せ

そ

索引

ち

つ

て

索引

な

索引

に

ぬ

ね

の

索引

ひ

ふ

索引

索引

や

ゆ

よ

ら

大切な表現　各課一覧

▶ アルファベットは各課の「使いましょう」。
▶ *印は副詞として「新しい言葉」で取り上げたもので、「使いましょう」でも練習しているもの。

第1課

～て初めて Ⓐ
～もさることながら
～はともかく(として) Ⓑ
～といったら
～ならでは
～には当たらない
～に過ぎない Ⓓ
*あくまで(も) Ⓒ

第2課

～ときたら
～に決まっている
～てしょうがない[←しようがない]
～かと思うと
～のことだから Ⓐ
(見つけ)次第 Ⓑ
～うじゃないか[←うではないか]
～なきゃ[←なければならない]
～ものがある
～といった～
～と見られる Ⓒ
～からの～
～末に
～にしてみれば Ⓓ

第3課

～ねば[←なければ]
～の上から
～ざるを得ない Ⓐ
～てからというもの Ⓑ
～はもとより Ⓒ
～限りだ
～であろう
～うが
～ばそれまでだ
～うものなら Ⓓ

第4課

～に違いない Ⓐ
～ともなると Ⓑ
～を問わず
～に限らず Ⓒ
～にしても
～んばかりに
～だけのことはある Ⓓ
～にひきかえ

第5課

～とする
～限らない Ⓐ
(～ないとも限らない Ⓐ–1)

(～とは限らない A-2)
～ものだ
～とあって
～にして
～ずにはいられない B
～にあって
～ずにはおかない
～ないものか C
～からして D
～始末だ

第 6 課

～ともなく A
～にほかならない B
～にもまして
～というよりむしろ C
～といえども D

第 7 課

～てならない A
～うにも〔～ない〕 B
～といい、～といい D
～ではないか
～手前
～なりとも
～こととて
*ついでに C

第 8 課

～途端に A
～とばかりに
～と言っても過言ではない
～ことはない
～で済む
～なり～なり B
～ものか
～じゃあるまいし
～をもってすれば
～ものだろうか
～はおろか C
～としたら
～たばかりに
～あっての～
(頼り過ぎる)あまり D

第 9 課

～や否や A
～とあいまって
～をもとに(して) B
～のみならず C
～にせよ D
(～にせよ／～にしろ D-1)
(～にせよ、～にせよ／～にしろ、～にしろ D-2)

第 10 課

～際に／～際して A
～か～ないかのうちに
～からには B
～割に(は) C
～までだ
あまりの～
～につけ
～を抜きに(して)
～を余儀なくする
～ものなら D
～に越したことはない
～といったところだ

大切な表現　各課一覧

第 11 課

(音)という(音)
～だに〔～ない〕
～ことか
～きり A
～にしては B
～に当たり
(見る)なり C-1
(自分)なりニ C-2
～が故ニ
～(より)ほかない
～をおいてほかにない

第 12 課

～ないでもない
～は(どう)であれ
～に変わりはない
～にしたところで
何ら〔～ない〕
～以外の何物でもない
～あげく B
～を限りニ
～んがためニ
～ないことには C
～にかかわらず
～たら～で D
*いったん A

第 13 課

～であれ、(～であれ) A
～としか言いようがない B
～が早いか
～とは
～なくもない
～であっていいはずがない
*散々ナ C
*精々 D-1, 2

第 14 課

～にかけては A
～べくもない
～が最後 C
(作る)だけ(作る) D
*到底〔～ない〕 B

第 15 課

～やら
～弾みニ A
～どころではない B
～といって〔～ない〕 C
～でなくて何だろう D
～なくして〔～ない〕

著 作 者（五十音順）

阿部祐子（大阪 YMCA 日本語学校非常勤講師／

国際交流基金関西センター非常勤講師）

亀田美保（大阪 YMCA日本語学校コースアドバイザー）

桑原直子（元大阪 YMCA 日本語学校専任講師）

田口典子（愛知学院大学非常勤講師／

名古屋 YMCA 学院非常勤講師）

長田龍典（大阪 YMCA 日本語学校専任講師）

古家　淳（大阪 YMCA 日本語学校教務主任）

松田浩志（蒼風）（プール学院大学国際文化学部教授）

theme study

일본어 上級 점프 Reading

초판인쇄	2007년 1월 20일
1판 13쇄	2025년 5월 15일

저자	阿部裕子・亀田美保・桑原直子・田口典子・長田龍典・古家淳・松田浩志
책임 편집	조은형, 김성은, 오은정, 무라야마 토시오
펴낸이	엄태상
콘텐츠 제작	김선웅, 장형진
마케팅	이승욱, 왕성석, 노원준, 조성민, 이선민
경영기획	조성근, 최성훈, 김다미, 최수진, 오희연
물류	정종진, 윤덕현, 신승진, 구윤주

펴낸곳	시사일본어사(시사북스)
주소	서울시 종로구 자하문로 300 시사빌딩
주문 및 교재 문의	1588-1582
팩스	0502-989-9592
홈페이지	www.sisabooks.com
이메일	book_japanese@sisadream.com
등록일자	1977년 12월 24일
등록번호	제 300-2014-92호

ISBN 978-89-402-0685-0 18730